请坚定地
走自己选择的
那条路

没关系的，放轻松，问题不大

其实很多事情没有什么大不了，

不要把自己逼得太紧。

一些小时候觉得天大的事，

也都跨过去了。

学习和工作只占生活的一部分，

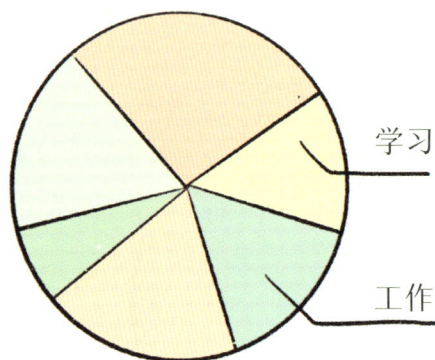

学习

工作

出错了也没有关系。

就算把事情搞砸了，

天也不会塌。

没关系的，放轻松，问题不大。

能去做就已经很棒了。

请允许一切发生

钱没了可以再挣，

工作没了也可以再找。

简历

牛奶洒了没有关系，

钥匙丢了也可以再配一把。

生活不过是见招拆招，不必跟自己较劲。

无论害怕与否，事情也都发生了。

不必害怕未知，也不必逃避现实。

每一次经历，不论喜怒哀乐，
　　　　都是一次崭新的体验。

你平和地看待这个世界，
世间万物也会温柔地治愈你。

请允许一切发生，
收获一个快乐、自在的自己。

不要去美化那条没有走过的路

走错就走错了,

不要被困在当时的选择里哟!

抱抱曾经那个自己，

那时的自己也很不容易吧。

不要给没走过的路加滤镜，

换一条路大概也会有新的烦恼。

既然哪条路都不是坦途，

那就直接出发吧，把脚下的路变成最好的路。

错过了黎明的阳光，

还可以与漫天的星星相遇。

谁在操控你的选择

黄启团 著

湖南文艺出版社
HUNAN LITERATURE AND ART PUBLISHING HOUSE

博集天卷
CS-BOOKY

·长沙·

图书在版编目（CIP）数据

谁在操控你的选择 / 黄启团著 . -- 长沙 : 湖南文艺出版社 , 2025. 10. -- ISBN 978-7-5726-2631-9

Ⅰ . C912.11-49

中国国家版本馆 CIP 数据核字第 202597DT23 号

上架建议：畅销·心理励志

SHEI ZAI CAOKONG NI DE XUANZE
谁在操控你的选择

著　　者：	黄启团
出 版 人：	陈新文
责任编辑：	张子霏
监　　制：	于向勇
策划编辑：	刘洁丽
文字编辑：	罗　钦　张妍文
营销编辑：	时宇飞　黄璐璐
封面设计：	末末美书
封面插画：	AKA Uncle
内文插画：	九鱼酱
版式设计：	李　洁
内文排版：	麦莫瑞
出　　版：	湖南文艺出版社
	（长沙市雨花区东二环一段 508 号　邮编：410014）
网　　址：	www.hnwy.net
印　　刷：	北京天宇万达印刷有限公司
经　　销：	新华书店
开　　本：	875 mm × 1230 mm　1/32
字　　数：	192 千字
印　　张：	8.25
插　　页：	16
版　　次：	2025 年 10 月第 1 版
印　　次：	2025 年 10 月第 1 次印刷
书　　号：	ISBN 978-7-5726-2631-9
定　　价：	56.00 元

若有质量问题，请致电质量监督电话：010-59096394
团购电话：010-59320018

自序
PREFACE

　　也许你认为自己现在就是自由的，但我想告诉你一个残酷的真相，你现在以为的自由只不过是一种假象。不信？我们来分析一下。

　　你喜爱的美食，本质上不过是基因为了实现繁衍而内置的程序；你对异性的爱意，归根结底是动物传宗接代的本能需求；你对衣物的钟情，实际上是受商家广告操控的结果；甚至你对孩子的疼爱，也仅仅是身体里一种名为"催产素"的激素在发挥作用……

　　人类的行为机制相当复杂，我们不妨用电脑做一个简单类比。我们的五大感观，如同电脑的摄像头、键盘、鼠标、麦克风等输入设备，帮助我们获取信息；我们的内心，相当于电脑的硬盘，存储了很多资料，供我们调取使用；我们的思想，像电脑程序，也就是软件一样，指引着我们行动；而我们当下的生活状态，便相当于电脑屏幕呈现的画面，如下图所示：

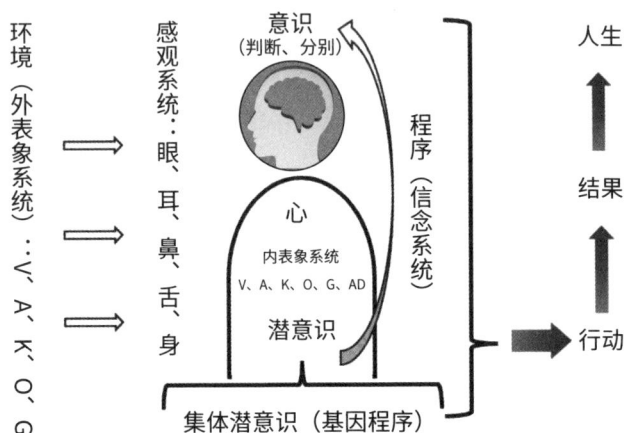

注：V、A、K、O、G、AD分别指视觉（visual）、听觉（auditory）、触觉（kinesthetic）、嗅觉（olfactory）、味觉（gustatory）以及内在对话（auditory digital）。

决定电脑屏幕如何呈现的因素有两个：一是硬盘中储存的数据，二是负责处理的运算程序。决定人生命运的关键因素也可归结为两点：一是内心记忆的信息资料，心理学称其为"表象系统"；二是我们的思想习惯，心理学称其为"信念"，其功能相当于电脑中的运算程序。

我们的行为与选择，通常会被以下四类"程序"所影响甚至控制。

一是基因程序。我们来到地球，就像一台电脑出厂一样，自带一套先天内置的"基础程序",这便是与生俱来的基因程序。它会在诸多方面为我们"预设参数",比如饮食偏好、肤色、身高与体重的大致范围等……

二是教育程序。这好比商家为你的电脑预装的应用程序,往往由不得你自主选择。在你来到这个世界后,你的父母、老师,以及其他重要他人,便不断向你灌输各类观念——何为好、何为坏,何为正确、何为错误。这些观念你往往会照单全收,最终他们会像"人生剧本"一样决定你的人生轨迹。你以为自己活出了自我,实则不过是在照着别人写好的剧本生活罢了。

三是环境程序。正所谓"近朱者赤,近墨者黑",你所处的环境每天都在潜移默化地影响着你。这就像我国西南地区的熏肉,因长期悬挂在烟、火的上方,不知不觉间便浸透了独特的烟香。

四是社会程序。人们常说"时势造英雄",每一代人都带着属于自己时代的独特烙印。过去,人们普遍"以商为耻";而如今,财富已成为大部分人的成功标准之一。这种观念的变迁背后,是时代趋势的推动。因此,你选择向哪个方向前行,背后其实有一股时代的暗流在悄然作用、默默推动……

这样的程序还有很多,因为篇幅关系,就不一一列举了。人生的命运,本质上是过去一次次选择累积的结果,而你的每一次选择,都会受到你内心储存的资料及各种早已内置于你身上的程序的控制。你以为的自由,不过是祖先留在我们基因中的程序以及经由教育、环境等植入我们心中的程序共同作用的结果而已。

那为什么有人能取得非凡的成就，而大多数人只能困于平凡、归于平庸呢？那些成功者是怎么成功的？团长认为有两个原因：一是拥有相对优质的遗传基因与良好的成长教育环境；二是洞察人性运作规律后，主动挣脱固有"程序"的束缚，做出自主选择，也就是成为命运的主人，践行"我命由我不由天"的信念。前者可遇不可求，后者每个人都可以把握。

本书讲述的正是人性方面的一些常识。英国人类学家贝特森曾指出，心理学是每个小学生都应该懂的常识。可惜的是，这些常识大多数受过高等教育的人都不知道。

需要说明的是，本书内容精选自我发布的一系列短视频作品，有的文章在我已经出版的六本书中出现过。不过，在本书中，相同的主题，有的用更简洁的表达方式呈现，有的则讲得更为深入。简言之，"尝试用短小的篇幅，讨论更深刻的主题"，如此更契合现代快节奏生活的人群的阅读需求。

也许你会问：为什么要将热门短视频的内容重新集结出一本书呢？

这也是我内心犹豫的地方。出版社三年前就向我约稿，希望把短视频中那些受欢迎的内容结集成书出版。我拖了三年没交稿，我不确定短小简洁的短视频内容是否值得精选成册出版。直到最近我接受自媒体"凉子访谈录"的采访，录了一辑视频，全网居然获得了过亿播放量，其中有一条视频的单条播放量更是超过7000万次！加上团长自有账号在各大平台的原有播放量，截至目前我的短视频作品播放量已经超过3亿。而我此前出版的六本书，总销量也不过50多万册，跟短视频的播放量相比，简直九牛

自我实现的预言

P60

心理学研究发现，人们总会执着于证明自己是对的，当一个人内心坚定地相信某一件事时，他就会创造出各种各样的条件让这件事变成现实。这就是"自我实现的预言"。

为什么会这样呢？因为人们的思想会决定行为，而行为会产生结果，行为结果的累积就是一个人的命运。千万不要小看任何一个微小的念头，它可能会产生巨大的力量。信念本身是一种不可思议的力量，积极正面的信念，会让你的生活变得更好。相反，悲观、自我怀疑甚至自我攻击的信念则会损耗你的好运。

你以为练习什么，就会成为什么

P82

家庭治疗师萨提亚经常会在和来访者聊天时，改变对方的用词。比如，来访者对她说："我工作时遇到了一个困难。"她会这样重复："听起来，你遇到了一个挑战。"如果来访者说："我不行，我做不到。"她会说："我知道，你暂时还没有找到方法。"

当一个人看到的总是困难、问题，觉得自己不行时，他整个人的状态是很无望的。生活中有一种问题，叫作你觉得自己有问题，但也有一种自信，叫作你觉得自己能行。

有趣的心理学原理

PSYCHOLOGY

情感银行

心理学有个理论叫作"情感银行"。人与人之间的关系就像银行系统一样，一个人往另一个人的心中会有一个情感账户，你对他做的好事，比如对他的肯定、认可、赞美、鼓励、帮助等，就像源源不断地往这个情感账户里存款；而你对他的批评、求助、否定，还有你无心对他犯下的错，等等，就像从情感账户中取款去消费一样，会让余额逐渐减少。如果消费数额高于存款数额，关系就会破裂。

根据这个理论，犯错并不是不可弥补的，只要你诚心做更多往情感账户存款的事情，对方心中的伤痕就会慢慢抚平。

P49

一毛。

之所以会有如此大的差距，用出版社编辑的话说，是因为现代人生活节奏快，人们很少有耐心和时间去看那些动辄二三十万字的心理专著。所以，短小精悍的短视频作品，因其主题明确、直击痛点，往往能获得更高的传播量。我此前在网上已经发了很多短视频，什么内容是有价值的，什么内容是受欢迎的，透过播放量、点赞和分享数已经一目了然。既然如此，为什么不把那些广受欢迎的内容编成一本小书呢？

于是，就有了这本书。自2019年开始做短视频以来，不知不觉已经五年多，按每天一更计算，至今发布了一千多条原创内容。本书精选了那些播放量高、评论区讨论热烈的短视频内容。我想，它们之所以受到大家的喜爱，一定是因为它们能给大家带来启发和思考。将这些内容整理成书的目的，是希望通过书把这些有价值的内容传播给更多的人，让更多的人能从中受益。

如果你是首次阅读我作品的读者，我向你特别推荐这本小书。它通俗易懂，讲述了不少有意思的心理学原理，而且你不需要有心理学背景就可以读懂。

对于关注我的忠实读者，本来我觉得，读过我其他六本书的读者就不用买这本书了，但向他们征求意见时，他们说，原来那些书的内容非常丰富，有的专业性还很强，现在有一本"精选集"放在枕边反复阅读，也很有价值。

好吧，正所谓"仁者见仁，智者见智"，本书诞生的前因后果已向大家说明，剩下的就交给你们决定了。

目 录
CONTENTS

PART 2　看见他人，从关系中解脱

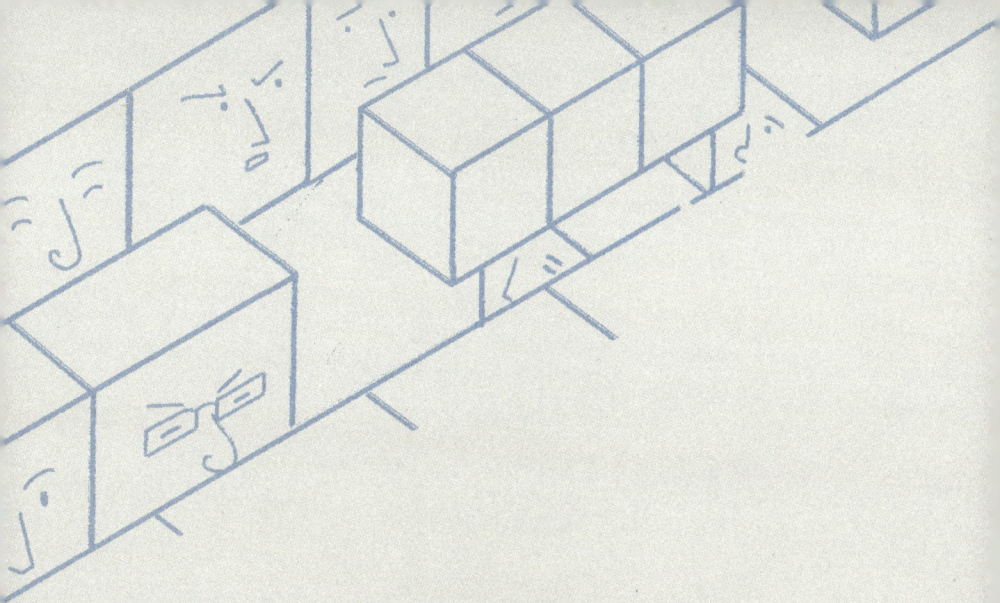

PART 3 看见众生，与世界和解

每个人都需要被"看见"，当一个人发现自己被关注时，就会感觉自己是有价值的。你心中那个"内在小孩"也需要被看见。当自己努力付出时，不要忘记给自己一个赞；当自己情绪不好，难受伤心时，不要忘记给自己安慰和拥抱；当自己身体不舒服时，不要忘记停下脚步，歇息一下。先学会照顾自己，感受自己对自己的爱。

PART

1

看见自己，
与自己和解

第一章

什么是人性？

谁在操控你的选择

◎ 一张图让你了解人性

什么是人性？人性就是人心的运作规律。

常言道，"女人心，海底针"，其实男人心又何尝不是如此？那如何洞察人性呢？

我们购买产品时，厂家会随产品附送一份说明书，说明书能帮我们了解并学会如何使用产品。那么，有没有关于人的说明书呢？

有的！心理学的各种图示就是关于人的说明书，虽然不同流派的说明书看起来不一样，但其作用都是一样的，即解读人性的运作规律。下图给大家分享的，是美国家庭治疗师萨提亚女士提出的"冰山原理"图示。这一图示可以助力解决生活中的大多数问题，比如沟通障碍、亲子教育难题、夫妻关系矛盾、职场困扰等。

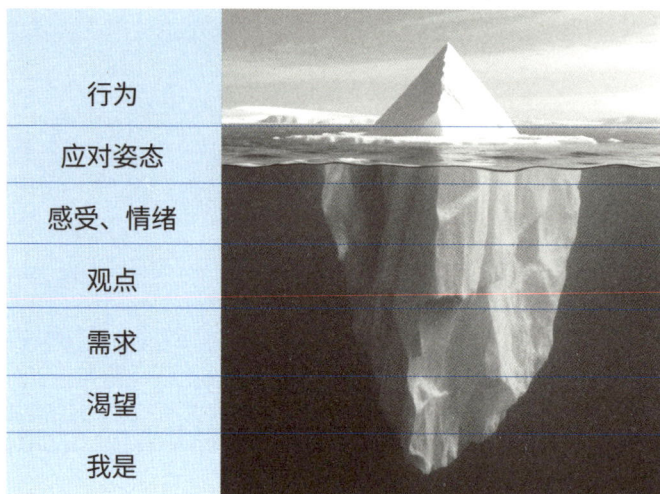

行为
应对姿态
感受、情绪
观点
需求
渴望
我是

"冰山原理"图示

我们看一个人只能够看到他外在的"行为"。

为什么有人勤奋，有人懒惰？为什么有人上进，有人堕落？为什么有人愿意运动，有人不愿意运动？这就是一个人的行为的差别。

什么决定了一个人的行为呢？"行为"下面叫作"应对姿态"，所谓"应对姿态"其实就是一个人的性格。

性格，是一个人在成长过程中逐渐形成的生存策略。我们用树来做一个比喻，在阳光充足的地方，树通常长得像伞一样，这种树是健康的树。去过黄山的朋友都知道，黄山松只向一个方向生长，显得奇形怪状。为什么会长成这样？因为黄山松多长在悬崖峭壁上，只有一个方向能接受到阳光照射。

就像树需要阳光才能生存一样，人也需要爱才能生活。树为了获得阳光会扭曲自己的身躯，人为了获得爱也会扭曲自己的灵魂。

孩子为了获得养育者的爱，不得不迎合那些对他生存至关重要的人，于是，发展出各种各样的生存策略，而这些生存策略就构成了一个人的性格。不要说谁性格不好，每个人的性格都非常好，如果一个人性格不好，他是活不到今天的。

萨提亚把应对姿态分成四种。她是通过人跟外界互动的元素来划分的，人跟外界互动存在三个元素：我、你，还有环境（或者叫情境）。

第一种应对姿态忽略"你"，只有"我"和"环境"，萨提亚把它称为"指责"。你有没有看过这样的人，他们觉得所有的错误都是别人的问题，习惯性地把责任推卸给别人。为什么会这样呢？很简单，承担责任时，人会感到难受；推卸责任后，人会感到轻松。这种人的情绪习惯是愤怒。

第二种应对姿态刚好相反，忘了"我"的存在，只有"你"和"环境"，萨提亚把它叫作"讨好"。习惯于采用讨好姿态的人会压抑自己的情绪，迎合别人。为什么要讨好呢？因为他们小时候乖就有糖吃，为了得到自己想要的，他们不得不压抑自己的感受，去迎合别人的感受。久而久之，就成为一种习惯。这种应对姿态常见的情绪就是委屈。

第三种应对姿态没有"我"，也没有"你"，只有"环境"，萨提亚把它叫作"超理智"。所谓超理智，就是只讲道理，没有情感，就像电脑一样，毫无温度。很多男性都是这样的思维，团长以前也是这样的人，什么事情都讲道理，从而隔绝了自己的感受。在超理智人的世界中，只有事，没有人。他们只关心你飞得高不高，从不关心你飞得累不累。这类人的情绪习惯是冷漠。

第四种应对姿态，萨提亚称为"打岔"，打岔就是同时忽略"我""你"和"环境"三个元素。面对压力时，岔开话题，故称为"打岔"。比如，当父母指责孩子不做作业时，打岔的孩子会岔开话题说："妈妈生气的样子好可爱。"又或者，当老婆抱怨老公某个月的工资钱太少时，打岔的老公会说："哇，老婆你今天的发型好好看。"类似的例子有很多，不难发现，打岔的人总是会岔开话题去谈点别的事情。那么，一个人为什么要打岔？因为他没有能力面对环境。当一个人生活得太苦时，他为了生存，不得不学会一种让自己好受一点的生存策略，对他而言，只有在打岔的时候，内心才能稍微好过一点。打岔的情绪模式是幽默、搞笑。千万不要以为那些搞笑的人很开心，事实上，他们可能是这个世界上最苦的人，因为生活的环境太苦了，他们才不得不学会这种方法让自己轻松一点。

"应对姿态"是情绪的个性化表达方式，也是一个人获得爱的独有方法，所以，"应对姿态"的下面是"感受"。那么，"感受"的下面又是什么呢？请先听团长分享一个小故事。

史蒂芬·柯维在《高效能人士的7个习惯》中讲了这么一个故事。有一次他下班坐地铁回家，发现车厢里面有几个孩子在那里打打闹闹，特别影响其他乘客。他很生气，于是站了起来，走到孩子父亲面前，愤怒地说："这位先生，你的三个孩子在这里打闹，你怎么不教育一下呢？你看，整个车厢的人都被他们影响了！"这时，史蒂芬·柯维的情绪是不是很愤怒？

那位父亲仿佛从梦中惊醒，带着歉疚的声音跟柯维先生说："不好意思，先生，我们刚从医院回来，一个小时前孩子的妈妈去世了，我正在悲伤中，我不知道怎么去管他们，很抱歉。"

这时，柯维突然间变得不好意思起来了，他的愤怒哪里去了？消失了。现在情绪变成愧疚。因为指责了一个刚刚失去太太的人，他感到愧疚。

看完这个故事，问你一个问题：感受受什么影响？我猜你心中已经有答案了，对，就是"观点"，也就是一个人的思想。事实并不会造成痛苦，造成痛苦的是你对事实的诠释，也就是你的"观点"。因此，"感受"的下面是"观点"。

那"观点"的下面又是什么呢？是什么在影响一个人的观点？

每一个观点的下面都有一个"需求"。人是动物的一种，有七情六欲。欲望的"欲"是什么？欲就是需求。所以，"观点"的下面是"需求"。比如，如果你认为你的伴侣不够爱你，这个观点代表什么？代表你需要更多的爱。如果你认为你的孩子学习不认真，这代表你需要他更认真地学习；如果你认为你购买的产品质量不好，这代表你需要更好的产品……

我们把冰山原理的上面几层放在一起，就很容易理解一个人了。比如，你因为孩子玩游戏感到生气，所以责骂你的孩子，这是你的"行为"。你之所以会这样做，是因为你学会的应对姿态是"指责"。你之所以会指责，是因为你要表达你的"感受"——愤怒。你为什么会感到愤怒？因为你认为孩子应该学习，不应该玩游戏，这是你的"观点"。你之所以会这样认为，是因为你有一个需求，你希望你的孩子能考上好的学校，有所成就。

每一个行为的背后都有一个没有被满足的"需求"，"需求"是推动行动的内在动力。那么"需求"的下面又是什么呢？

"需求"的下面是"渴望"。我们可以这样来理解，"需求"是具体的，是个性化的；"渴望"是共性的，是精神层面的。举个例子，情人节的时候你希望你的爱人送你一束花，为什么要送花？因为你渴望爱。"花"是"需求"，"爱"是"渴望"。

千万不要把"需求"理解为物质的，把"渴望"埋解为精神的，事实上，"需求"也可以是精神的。比如，孩子需要妈妈的肯定，"肯定"就是需求，也是精神的。"肯定"的下面就是"爱"，是渴望。

心理学把那些"渴望"得不到满足的人界定为处于"匮乏"状态。当"渴望"得不到满足时，就会产生很多"需求"。就像一个饥饿的人会到处找食物填饱自己的肚子一样，一个处于"匮乏"状态的人也会不断索取——在事业上追求财富，在亲密关系中索取爱。

在"需求"层面，是无法满足"渴望"的。如果你试图用"需求"去填满"渴望"，就会发现这像一个无底洞一样，永远都填不满。这就是"有人明明已经富可敌国了，还在用生命换取金钱；明明家里的包包已经'无处安放'了，还要不断买包包"的原因。

不仅对物质的需求如此，对精神的需求也一样。一个处于"匮乏"状态的人是很难幸福的，不管伴侣如何爱他，他永远觉得不够。那怎么办呢？

"渴望"是无法通过外求满足的，只能通过内求，所以，疗愈"匮乏"最好的办法就是自爱。一个人永远不能给予别人自己没有的东西，爱自己的人才能爱别人。

读到这里，你会发现冰山原理中每一层的问题都无法通过上一层来解决，只有通过下一层才能解决上一层的问题，因为下一层决定了上一层。因此，要解决"匮乏"的问题，还可以往更深层探索。那么，"渴望"的下一层是什么呢？

"渴望"的下面是"我是"。这一层是不容易用言语描述的。简单来说，"我是"就是一个人的存在方式，是关于"我是谁"的所有答案。

一行禅师说过："当浪花意识到自己是水时，生死便不再是伤害。"当一个人能了悟自己是宇宙的一部分时，"渴望"层面的问题自然迎刃而解，因为人本具足，何来"匮乏"？所谓"匮乏"，只是自己创造出来的牢笼而已，不过是一种幻觉。

关于人性的图示到这里就讲完了，明白了这些，生活中各种各样的问题是不是就可以迎刃而解了？

如果你能在"我是"层面证悟，就没有"渴望"层面的"匮乏"。就算"我是"暂时未能证悟也没关系，只要你能在"渴望"层面学会自爱，那么你在生活中就不会无止境地向外索取，而是能够安于当下，享受生活。如果你能处理好那些未被满足的"需求"，那么在"观点"层面，你就不会与人对立，在人际关系中也不会冲突不断。这时，你的"感受"自然会处于良好状态，幸福指数当然就高。如果你的内在"感受"趋于平和，"应对姿态"自然健康，就像一棵生长在阳光充足之处的树一样，你无须为了获得爱而扭曲自己的灵魂。如果你"应对姿态"有度，那么"行为"自然得体。如果"行为"得体，那人生何来问题？

◎ 远离多巴胺的快乐，追求内啡肽的快乐

你知道吗？人的快乐其实有四种，分别是多巴胺的快乐、催产素的快乐、肾上腺素的快乐和内啡肽的快乐。这四种快乐是截然不同的，每一种都有其独特的特点和作用。

第一种：多巴胺的快乐

我们人类体内有一个激励系统，为了激励我们去做一些事情，体内会分泌出不同种类的激素。比如，在远古时期，人们没有办法像如今这样每天都能获得足够的食物，为了激励人们去寻找能够提供能量的食物，我们的身体会分泌出一种叫作多巴胺的激素。当吃到高脂肪、高糖分的食物时，如奶茶、蛋糕、雪糕等，我们会感到满足和愉悦，这是因为这些食物能帮助我们生存，所以身体会分泌多巴胺，带来这种满足感。

然而，这种快乐有一个特点：如果你想从中得到更大的满足，你就需要吃更多。一杯奶茶不够，要喝两杯；吃一块蛋糕不够，要吃两块。只有不断突破这种阈值，才能获得新的快乐。多

巴胺的存在是为了让我们获得足够的营养来保障生存，营养足够了，它就不会再给你创造快乐的体验。因此，你需要不断突破这个阈值，而这可能给身体带来很多副作用，如体重增加、产生沉迷行为等。

生物学家曾经做过一项名为"疯狂老鼠"的实验。他们找到了老鼠大脑中控制多巴胺分泌的区域，并将电极连接到这个区域。只要老鼠触碰开关，电流就会刺激这个区域，让它们感到满足和快乐。老鼠尝过一次甜头后，就开始不停地触碰开关，直到疲劳至死。这个实验揭示了多巴胺导致上瘾的机制。喜欢喝奶茶的人，一杯不够，就要两杯；喜欢打游戏的人，白天玩不够，晚上还要熬夜玩。他们就像实验中的老鼠一样，不断地、无节制地刺激自己，这就是上瘾的原因。所以，多巴胺会让我们堕落。

第二种：催产素的快乐

催产素的快乐，会让人无条件地爱上一个人。很多人误以为只有女性才有催产素，其实男性也有。比如，当你初为人父或人母时，在看到孩子刚出生的那一刻，哪怕他长得皱巴巴的，在你的心中那也是最可爱的孩子。即使孩子拉屎拉尿，又哭又闹，甚至让你整夜睡不安宁，你也不会讨厌自己的孩子。这是因为你的体内分泌出了催产素，这种激素会让你无条件地爱上你的孩子，并愿意为他付出一切。由这种爱带来的快乐感会弥漫全身，让你愿意无条件地付出。

第三种：肾上腺素的快乐

肾上腺素的快乐，是一种应对危险和挑战时分泌激素所带来的快乐。当我们遇到真正的难题或身处危难时刻时，身体会产生一种抗争的力量。例如，面对一只老虎或者强大的敌人时，我们的身体会分泌肾上腺素，使我们充满力量，激发内在的潜能，帮助我们渡过难关。不过，除了让我们充满力量外，长期处于这种状态也会对身体造成伤害。因此，适度的挑战和压力是有益的，但过度的压力则需要避免。

第四种：内啡肽的快乐

与多巴胺所带来的激励机制不同，人体还有另一个激励系统。当我们成功跨越某些人生门槛或超越自身极限时，我们的体内会分泌出一种叫作内啡肽的物质，进而带来兴奋和成就感。例如，当你跑完四公里时，你会有一种突破极限的感觉；当你爬上一座山顶时，那种"一览众山小"的兴奋感会让你感到自豪。内啡肽会在你突破原有习惯、取得新的成就时产生，激励你继续前进。这种激励不仅会让你感到快乐，还能推动你不断挑战自我，提升生活质量。

我们已经了解到人有四种快乐。追求快乐没有错，但相对来说，智慧的人会追求内啡肽的快乐，而不是沉迷于多巴胺带来的短暂满足。多巴胺的快乐是廉价的、低级的，而内啡肽的快乐则是持久的、有意义的。通过不断突破自己的极限，你可以获得更多的成就感和满足感，从而推动你在人生的道路上不断进步。

◎ 其实拖延并不是懒

我们大多数人都对拖延存在误解，以为那些喜欢拖延的孩子只是因为懒而已。但事实上，拖延的背后是有很多心理原因的。如果你的孩子总是拖延，一味催促他快点行动、勤奋一点是没有用的，我们需要找到他的拖延行为背后的真正原因，然后对症下药，才能真正解决拖延的问题。

我为大家总结了六大拖延的内在原因，看看你属于哪一种。

害怕失败

一个人在成长的过程中，特别是在小的时候，如果有失败的经历，而他的父母又对他进行了非常严厉的惩罚，这些惩罚往往就会在他心里留下深刻的阴影。这种过往的失败经历会引发一种叫作"习得性无助"的心理状态，在这种心理状态下，人会觉得不行动才是最安全的选择。因此，害怕失败是导致拖延的一个重要原因。

害怕成功

很多人可能会觉得不可思议，怎么可能有人会害怕成功呢？其实真的有很多人害怕成功。就好比有些人常说的"财多身子弱"，有些人钱一多身体就会生病，因为他们承受不起太多的钱财。同样地，很多人也承受不起太多的成功。当你收到朋友送的贵重礼物时，你会不会觉得有点不好意思，甚至很想回赠他一份同等价值的礼物，这样才会心安？这就是配得感不足的表现，是一种自我价值不足所导致的心理状态。当成功带来压力时，为了避免这种压力，干脆选择不行动，不行动就不会成功了，不成功也就不会有压力了。

反对权威

一个人在心理成长的过程中，通常会经历四个阶段：寄生期、依赖期、叛逆期和成熟期。所谓叛逆期，通常在12—20岁左右出现，这个阶段的孩子会通过与父母作对来证明自己已经长大成人。如果父母太过强势，或者孩子力量太弱，无法正面与父母对抗，那么孩子就可能会通过一些被动的方式争取自己的权利，拖延就是其中的一种方式。简言之，凡是你认为我该做的，我偏偏不做。这种行为模式也是导致拖延的一个原因。

依恋关系无法分离

世间有很多爱，大多数的爱是以结合为目标的，但是父母对孩子的爱是以分离为目标的。有些孩子没有办法离开父母这棵大树，但是，大树底下是难以生长出茂盛的小草的，树太大，树根旁边的小草没法获得充足的光照，自然也就长不好。换言之，如果父母过度照顾孩子，孩子就没有机会独立成长。过度溺爱形成的依恋关系让孩子过度依赖父母。孩子心智得不到成长，就永远没办法长大，只能衣来伸手，饭来张口。这种拖延是父母错误的教育造成的，孩子即使有能力，也不愿意独立。

追求完美

完美主义者凡事都力求尽善尽美，在不具备把事情做到完美的条件之前，他们宁可不做。"要么不做，要么就要做到最好"，这是完美主义者的口头禅和精神支柱。然而，从某种程度上来说，完美主义也是一种心智不成熟的表现。完美主义者往往停留在幼儿时期的非好即坏、非黑即白的二元思维中，不接受"灰色地带"。这种思维方式也会导致拖延。

内耗严重

有些人整天看起来无精打采，这是内耗导致的。任何行动都需要能量，就像汽车需要汽油才能行驶一样。如果一个人缺乏内在的能量，或者能量被耗尽，就会像一辆没有油的车，怎么踩油门车都不会动。这种内耗会导致拖延，使人无法有效地采取行动。

以上就是六种常见的拖延原因，你属于哪一种呢？承认是成长的开始，只有认识到自己拖延的真正原因，才能找到有效的解决方法。

◎ 人人都有"精神病"

也许你会好奇，为什么说人人都有"精神病"呢？让我们先从为什么有人会得精神病说起。

团长将为大家分享拉康的"三界理论"，以便帮助大家对精神病稍微有点理解。在分享三界理论之前，团长先给大家分享一个真实的案例。

在一个村子里，有一位忠厚老实的年轻人，不幸的是，他娶了一个非常好斗的妻子。这个妻子斗遍全村无敌手，全村的人都怕她。恶人自有恶人磨。有一天，因为地界的问题，她和村里的一位妇女发生了争执，从嘴斗发展到了手斗，两个人在田间扭打起来。年轻人为了保护他的妻子，最后把对方推倒在地，致使其骨折。没想到的是，对方有亲戚是混黑社会的，最后带了一帮人狠狠地揍了这对夫妻一顿，并放出狠话，以后不会让他们有好日子过。从此，那个原本忠厚老实的年轻人就疯了，而他好斗的妻子也不再好斗了。

这个年轻人为什么会疯掉呢？难道是被打坏脑子了吗？我们来看看拉康的理论会怎么分析。拉康是法国的心理学家，他把世界划分为三个维度：第一个叫现实界，第二个叫符号界，第三个叫想象界。

现实界

什么叫现实界呢？就是现实存在的世界。当然，现实界并不是实实在在的存在，而是通过我们的感官——眼、耳、鼻、舌、身——感受到的世界。每个人感觉到的世界是不一样的。比如臭豆腐，有人认为很臭，有人却认为很好闻；同一物件，有人觉得美，也有人觉得很丑；相同的环境温度下，有人感觉冷，有人却觉得很舒适。所以没有真实的世界，只有感官塑造出来的世界。你的感官所感知、诠释的这个独有的世界，就是你的现实界。

符号界

第二界叫符号界。符号界是由我们的语言构建而成的。例如，团长所讲的话就是符号界的一部分。通过语言或使用的符号，我们进行交流或者构建对世界的理解，这包含了我们大脑中的一些想法和信念。通过语言的运用，我们能够表达和传递我们的思想、观点和情感。

想象界

明白了以上两界，我们来看看第三界——想象界。想象界是我们通过幻想构建出来的世界。一个经典的例子就是迪士尼创作的米老鼠的故事。

迪士尼先生年轻时开办了一家漫画公司，但生意非常差，穷困潦倒的他只能住在一栋破败的房子里，环境非常恶劣，经常有老鼠出没。这是迪士尼当年面对的实实在在的世界，也就是他的现实界。那么他的符号界是什么呢？迪士尼先生认为自己是一个才华横溢的艺术家，这是他的符号界，他用语言、信念构建起了"我是一个才华横溢的艺术家"的认知。但是，一个才华横溢的人怎么会在一间老鼠出没的阁楼里生活呢？于是，符号界与现实界之间产生了分裂和冲突。这时，想象界就开始工作了。迪士尼先生通过自己的想象，把那些肮脏、可恶的老鼠想象成十分可爱的米老鼠。这种通过创意和想象对现实世界进行重构和升华所创造的幻想世界，就是想象界。

通过想象力，人们可以在想象界中满足自己的欲望和需求，从而获得一种心理上的满足。如果这种想象是美好的，有益于自己和他人的，那么它就是创意，就是才华。迪士尼先生正是凭借自己的想象，创造了一个伟大的迪士尼王国。但如果这种想象对自己和他人有害，那它就会变成妄想。而妄想，就是心理疾病，也是精神病的诱因。由此可见，想象是人们摆脱现实恶劣处境的一种方式，是艺术创造的灵感源泉，同时也可能是精神病的根源。

精神病的本质就是特殊的"创造"，只是某些"创造"不仅没有什么意义，反而会带来很大的副作用。因此，在某种程度上，正如拉康所说，其实我们人人都有"精神病"。

◎ 远离身边的"烂人"

巴菲特曾在股东大会上说过，哪怕你会付出一定的经济代价，也要远离身边那些"烂人"。那么，我们怎么知道什么样的人是"烂人"呢？

黑洞与发光体

团长把人分成两类：一类是黑洞，一类是发光体。

发光体，就是那种让你感到温暖的人，你跟他们相处时，内心会充满力量。你会觉得天特别蓝，水特别绿，你会感受到正能量。这种人就像一盏明灯，照亮你的生活。

相反，黑洞则是那种你跟他们没说几句话，整个精气神就被吸走的人。你跟他们聊完天离开时，会觉得整个人无精打采，心情低落。这种人就像能量吞噬者，不仅不会给你带来任何积极的影响，还会让你感到疲惫不堪。

发光体会留意你的优点。这就像母鸡会下蛋，也会拉屎，但发光体会欣赏母鸡下的蛋，而不会盯着它拉的屎。换句话说，发光体会看到你的长处，并给予肯定和支持。黑洞则恰恰相反，他们看不到你的优点，只会盯着你的缺点不放。

如果你长期处于与黑洞相处的环境中，总有一天你会得抑郁症。俗话说"寒为百病之源"，身体在寒冷的地方容易生病，心理层面也是如此。长期生活在让你心寒的人身边，你的心灵也会受到伤害。

对事与对人

我们常说要"对事不对人"，但实际上，对事的人往往是黑洞，他们只关心事情本身，却忽略了人的感受。例如，当孩子不小心打碎一个花瓶时，一些父母会责备孩子："你怎么这么调皮，把花瓶都打碎了！"这种关注点聚焦在花瓶上的行为，忽视了孩子的感受。

相对地，对人的人才是真正的发光体，他们更关心的是人本身，而不是事情的结果。比如，同样是孩子打碎花瓶的情况，对人的父母会首先关心孩子的安全："宝贝，把手给我看看，有没有伤到？"这种关心会让你感到温暖，而不是批评和指责。

因此，远离身边那些黑洞般的人非常重要。即使这可能会让你付出一定代价，但从长远来看，你的心理健康和生活质量会获得不可估量的益处。

远离黑洞，这些人只会让你感到压抑和痛苦，他们不仅看不到你的优点，还会不断放大你的缺点。如果你发现自己身边有这样的人，尽量减少接触，甚至可以考虑彻底远离。

靠近发光体，那些能够看到你优点、关心你的人，才是你应该珍惜和靠近的人。他们会给你带来正能量，帮助你在生活中找到更多的快乐和满足感。

记住，大多数人会关心你飞得高不高，但很少有人关心你飞得累不累。那些关心你累不累的人，才是真正对你好的人。所以，识别并远离身边的黑洞，尽可能多地靠近发光体，这是对自己负责的一种表现。

看看你身边有没有这样的人，他只关心你做的事，从不关心你这个人；他只会盯着你的缺点，从来看不到你的优点。如果有，请尽早远离。同时，珍惜那些关心、支持你的人，他们会是你人生中最宝贵的财富。

◎ 好人为什么没有好报？

好人没有好报，在心理学上是有根据的。团长先讲一个小故事。

　　古代有两户人家住在一起，一户比较有钱，另一户比较穷。有一年发生了自然灾害，田里的庄稼颗粒无收。有钱的人家资助了没钱的人家，帮助他们渡过了最大的难关。被资助的穷人非常感激富人的帮助。

　　到了春耕季节，穷人又犯愁了，因为他没有种子。于是富人又给了他一担米，让他去播种。然而，当这个穷人到富人家领取这担米时，发现富人家还有很多稻谷，便开始抱怨："你家里有那么多稻谷，却只给我一担米。"不仅如此，他甚至到处跟人说闲话，表达对富人的不满。

　　这些话传到了富人的耳朵里，富人非常生气："我帮了你，你还说我的坏话。"两家原本关系很好，却从此互不来往了。这就是历史上著名的"斗米恩，担米仇"的典故。

从心理学的角度来看，人与人之间需要有一个付出与回报的平衡。当我们得到了别人很大的帮助，而又没有能力回报的时候，心里会产生一种内疚感。在所有的情绪中，内疚是最能让人痛苦的。

当一个人总是感到内疚时，他会试图通过攻击对方来减轻这种痛苦。比如，他可能会想："你不是真心想帮我，只是想得到别人的夸奖而已。"这种方式可以让他在心理上找到平衡。这正是"好人没有好报"的心理学解释。

明白了这个道理之后，当你带着善心去帮助他人时，请记住不要忘记向对方提出一点要求。这样做的目的是维持双方在付出与回报层面的平衡状态，避免对方产生过度的内疚感，进而引发负面情绪和行为。

举个例子，如果你帮助一个朋友解决了经济上的困难，你可以适当地提出一些小要求，比如请他帮忙做一件小事或陪你看一场电影。这样做不仅不会减少你的善意，反而会让对方感到轻松，因为他有机会回报你的帮助。

当我们帮助别人时，除了出于善意，还需要考虑如何维持双方的情感平衡。通过适当的方式，让对方有机会回报你的帮助，不仅能避免不必要的误会和冲突，还能增进彼此的感情。

◎ 没有人希望你过得比他好

　　我们不要在别人面前炫耀我们的生活，身边的人对你产生嫉妒心后，他们就会有意无意地破坏你的生活。嫉妒是人的本能，人为什么会嫉妒呢？进化心理学里有答案。

　　请你想象一下这样一个场景：你跟一个朋友身处森林之中，突然一头狼出现了，你跑不跑？你肯定跑。你为什么跑？难道你跑得过狼吗？你跑不过！你心里很清楚：我不用跑得过狼，我跑得过朋友就可以了。

　　是不是很现实？只要我比身边的人优秀，我就能获得更多的生存机会。所以，在人的内在基因里有这样一个程序——我们一定要过得比身边的人好才心安。

　　如果你身边的人比你好，你就会产生两种情绪：第一种是羡慕，羡慕会让你努力比别人更好；第二种情绪就是嫉妒，嫉妒就是我摧毁你，你变差了，相对而言，我就更好了。

　　要理解这两种情绪很容易。如果你想成为城市里最高的楼，有两个办法：一个是打好地基，努力地往上建；二是把比自己高的楼全部摧毁。前者是羡慕，后者就是嫉妒。

嫉妒是人之本性，所以，千万别炫耀你的生活，否则容易引起身边人的嫉妒，进而导致他们有意无意地破坏你的生活。谦逊一点，可以避免很多不必要的危险。

同时，长期生活在太优秀的人身边也未必是一件好事，如果你的自我价值感不够高的话，很可能会引发神经性疾病。为什么这样说呢？

心理学家曾用狗做过一个这样的实验：把一条饥饿的狗关在一个铁笼子里，让笼子外面的另一条狗当着它的面啃肉骨头，这样一来，笼内的狗在急躁、气愤和嫉妒的负面情绪下，便产生了神经症性的病态反应。

这个实验告诉我们：嫉妒会导致身心疾病的发生。

团长曾接触过一个类似的案例，下面分享给大家。

有位长得很漂亮的女士得了抑郁症找我做咨询。这位女士不仅人长得漂亮，而且名牌大学毕业，事业有成，这么优秀的人为什么会得抑郁症呢？经了解发现，原来，她的兄弟姐妹都比她优秀，不是哈佛大学，就是剑桥大学毕业；不是在世界五百强企业工作，就是在世界著名投行工作……长期活在一大群优秀的同龄人当中，她总觉得自己不够好，久而久之，就得了抑郁症。

嫉妒是人的天性，因为人的身体并不足以抵御其他动物的进攻，所以在丛林时代，人需要比同龄人更优秀才能生存下来。当身边人比你更优秀时，嫉妒是难免的。

既然嫉妒是正常的情绪反应，却又可能引发神经症等不良后果，我们该如何应对呢？

嫉妒是比出来的情绪，应对嫉妒最简单也最有效的方法就是在某个细分领域深耕，找到一个突破口。人无完人，没有人是全方位优秀的，只要你在某个细分领域比大多数人优秀，你自然会信心满满。以团长为例，在过去的28年，我深耕应用心理学，成了一名名副其实的"用家"。虽然团长并非名牌大学毕业，但在心理学的应用方面自信满满。

除了在某个深耕领域取得成就外，另一个应对嫉妒的方法就是帮助那些需要帮助的人。就算你认为自己不如其他人优秀，但总会有很多人在某些方面还不如你，如果你能对那些需要帮助的人施以援手，你就会感到自己很有价值。价值感提高后，你就不会再受嫉妒情绪困扰了。

如果你学会了以上两个方法，你将不再担心周围人比你优秀了，因为，生活在优秀的人身边，你会变得更加优秀。

第二章

你值得过更好的生活

谁在操控你的选择

◎ 什么样的人最幸福？

我们终其一生都在追求幸福，但到底什么决定了我们的快乐和幸福？

哈佛大学用长达75年的时间做过一个研究。75年里，他们追踪了724位青少年，年复一年地询问他们的生活状况以及幸福程度。这些人来自社会的各个阶层，基于庞大的人群信息，研究发现：财富和名利并不是幸福感的主要来源。

当我们生活的基本需求得到满足时，财富就没有我们想象中能发挥那么大的作用了。

以我为例，我小时候家里很穷，如果一顿饭有肉吃，我就会感到幸福。但到了今天，我对餐桌上的肉就习以为常了，甚至拥有山珍海味，也没有太多的感觉了。

名利和事业也是如此。拥有得再多，幸福感也是有限的。

那究竟幸福跟什么有关呢？答案是：良好的关系。

对于关系，研究人员得出了核心结论：和家庭、朋友联结更紧密的人，幸福感会更高，身体也会更健康。

为什么会这样呢？

你也许看过杂技表演，高空走钢丝的时候是非常危险的，台上一定有一张保护网。有了这张保护网，演员就能够勇敢地攀登生命的高峰。虽然这个过程会有危险，但演员知道有一张网能接住他，他就会感觉到非常安全。幸福感也是这样，我们也需要一张关系网来为我们兜底。

有出国经验的人应该都有类似的体验，你从国外飞回国，飞机降落的那一刻，你会有一种踏实的感觉。为什么呢？因为你回到了你熟悉的地方，这里有你的亲人，有你的朋友，你心里自然而然就会特别踏实。

如果你去到人生地不熟的国外，你心里就会有莫名的恐慌。关系就像一张网，能够让你有底气去面对生活的困难。如果你想获得幸福感，最好的方式是构建一段美好的关系。

幸福不是看你认识多少人，拥有多少关系，而是看你所拥有的关系的质量。

有的人也许朋友圈有5000个好友，但关键时刻却找不到一个人来帮忙。有的人也许结了婚生了孩子，但家中每天都充斥着争吵和矛盾。

坏的关系会消耗人生，而好的关系，才能带给我们能量，让我们感到幸福。正如过去的我，能言善辩，虽然我的强项是吵架，逢吵必赢，但我毫无幸福感可言。而现在的我，和家人一起吃顿简单的晚餐，与朋友一起喝个下午茶，也会感到特别温暖。

也许现在的年轻人会这样想：能拥有更多的财富、更好的事业、更高的职位，我们的人生才会更幸福。但随着时间的流逝，你会慢慢发现，关系才是幸福的基础。

懂得幸福的人，知道把精力投入关系的经营中，尤其是与家人、朋友和身边其他人的情感联结。我们终其一生都在追求幸福，但幸福其实就在我们身边。

愿你能拥有更亲密的关系，更多的幸福感。

◎ 别被不配得感毁了你的生活

你值得拥有更好的生活吗？

我想你的答案是肯定的。可是，你真的这么认为吗？

根据我的观察，大多数人都认为自己不值得拥有更好的生活。不信？我们来看看下面这些情况说的是不是你。

在感情上，遇到条件好的异性会自动保持距离，觉得自己不够好，配不上对方，只敢找一个跟自己条件差不多的，或者条件不如自己的。

在工作中，不敢跟老板提要求，也不奢求更高的职位和收入，觉得自己没那野心也没那能力，告诉自己平平凡凡才是真。

在生活中，面对别人的赞美时总会第一时间否定，"哪里哪里""没有没有"，觉得自己并没有别人说得那么好。

遇到机会和挑战时，大脑中总是出现否定的声音："我不行""我能力不够"。

设立目标时，总是缩手缩脚，没开始就已经做好了失败的准备。

上面这些描述，如果你中了两条或以上，你就是一个不值得拥有更好生活的人，因为你的自我价值感很低，你的潜意识认为自己配不上更好的东西。这种情况在心理学上叫"不配得感"。

如果你的大脑中了这种叫作"不配得感"的病毒，你会逃避上天赠予你的所有好东西：金钱、好伴侣、好工作、好机会、好生活……

因为你会觉得自己不配拥有这些好东西，你的潜意识会不自觉地把它们推开，即便你有能力，也有机缘可以得到它们。

如果你不提升配得感，你就不可能拥有更好的生活。

如何提升配得感呢？答案只有一个，就是提升自我价值感。

自我价值是一个人自己对自身价值的主观评价。这里的关键词是"主观"，一个人对自己价值的主观评价越高，他的配得感就越高。反之，一个人对自己价值的主观评价越低，他的配得感就越低。

一个人对自己的主观评价通常来自成长早期与父母、老师等重要他人的互动。在童年时期，如果能得到身边重要他人的好评，长大后对自己的主观评价通常就较高。如果在童年时期总是被打压、否定或者批评，这些消极反馈就会内化为对自己较低的主观评价。

所以有人说："幸福的童年可以疗愈一生，不幸的童年需要用一生来疗愈。"

当然，这句话对没学过心理学的人来说是对的，但是，如果你愿意学习心理学，就不一样了。因为心理学提供了大量提升自我价值感的方法。

    其中最简单的一个方法就是改变对自己的评价。评价既然是主观的，那就意味着是可以改变的。如果你愿意把焦点放在自己的优点上，每天临睡前写下自己当天做得比较好的三件事，自己做自己的父母，给内心深处那个"内在小孩"真诚的欣赏和肯定，长此以往，你对自己的主观评价就会慢慢提高，你的配得感自然也会跟着提高。

◎ 冒充者综合征

你是否对你取得的成绩充满怀疑？

你是否会出现这样的感觉：无论自己在学业、工作等方面多优秀，取得多好的成绩，获得多少认可和称赞，自己的内心深处总是有个声音在说——我不行，大家都被我骗了。

大家都觉得我厉害、觉得我优秀，其实只有我自己知道根本不是这样的。我取得的成就靠的都是偶然的运气，我不配得到别人的认可和称赞，我是个能力有限、没啥本事的"冒牌货"，不值得获得成功。

为此，你还会陷入焦虑与恐惧之中，总是担心别人有朝一日发现自己是个名不副实的"骗子"，害怕自己下一次考试或者要完成工作的时候暴露自己，因此不管是工作还是学习，都过度用力，陷入自我消耗的困境。

上面所说的，是一种心理学现象——"冒充者综合征"。

冒充者综合征是由临床心理学家克兰斯与因墨斯于1978年提

出的。患有这种综合征的人无法将自己的成功归因于自身能力，无论再强大、再成功，都会觉得自己不是实至名归，而是运气好、被高估了……

为什么会这样呢？其实这是由童年创伤所引发的双重人格导致的。

如果孩子成长于任人宰割的恶劣环境，一方面他们需要与照料者保持基本的依恋关系，迎合重要他人，以获得养育与认同；另一方面他们必须发展出自我调节的能力，以适应恶劣的生存环境，确保获得足够的资源生存下去。因此，他们就会发展出双重乃至多重人格，比如"坏蛋"与"好人"这两种典型的对立人格。

"坏蛋"人格是自我否定的产物。在恶劣的成长环境中，孩子会将受到的伤害归因于自身不足：一定是我不够好，父母才会这样对我。如果自己的诞生给家里带来了困难，孩子会更容易产生自我否定。

"好人"人格的产生是为了寻求社会认同。出于生存的需要，孩子必须讨好照顾自己的父母，于是便会发展出一个与"坏蛋"人格完全相反的自我，就像表演者一样，通常表现为成绩优秀的学生、遵守社会规则的榜样或者成功的商人等。他们的内在逻辑是，因为我不够好，所以父母不爱我，只要我努力，我就能赢得父母的关爱，进而终其一生都在做这样一件事。这种为了获得父母认可而不断进取的动机会推动他在社会上取得可观的成就。

可惜的是，无论取得多大的成就，受冒充者综合征困扰的人都可能会认为自己是虚伪的，所取得的一切都是假象，他们会害怕别人发现自己的内在秘密，认为别人一旦发现了，就会抛弃甚至辱骂他们。因此，他们不管取得多大的成就，都不会感到幸福，一生都活在紧张、焦虑中。

如果你发现自己患有冒充者综合征，怎么办？不必过于焦虑，既然冒充者综合征源于童年创伤造成的低自我价值感，那么重建自我价值体系，更好地认识自己的价值，便是最好的解药。

◎ 自我价值感低的人如何自我拯救？

现代人都离不开手机，它可以上网、可以拍视频、可以社交聊天。

我们现在假设有一个从没见过手机的亚马孙丛林野人，他看到你整天拿着手机看，就笑话你说："有没有搞错啊，你整天拿着这玩意干吗？"

这时你会不会跟他计较？会不会因为他的嘲笑而丢掉手中的手机？

大概不会，因为你内心很确信手机能够带给你的价值，所以你只会觉得对方有眼不识金镶玉。你的心情也完全不会受对方的影响。

那如果我们换一个物品呢？

假设今天你拥有了一个古董，你不确定这个古董的价值，于是你把它交给鉴定专家。

这时你的心情可能就很忐忑了，如果专家说这个古董很值钱，你会很开心；但如果专家说这是个赝品，你就会很难过。这时候你的开心与否，就完全取决于对方了。

物品如此，人也一样。如果一个人能够确定自己的价值，那别人说什么，他都完全不会在意。但如果你对自己的价值不确定的话，你就会很在意别人的看法。别人一句话你可以上天堂，一句话你也可以下地狱。

所以，自我价值感低的人会活得很累，他们会过度在意别人的评价，缺乏自信，也很难真正去爱自己。

那怎么办呢？从现在开始，重建你的价值体系。下面这五句话，你要反复地告诉自己，相信坚持一段时间，你会越来越自信。

第一句，"我看到你了"。每个人都需要被"看见"，当一个人发现自己被关注时，就会感觉自己是有价值的。你心中那个"内在小孩"也需要被看见。当自己努力付出时，不要忘记给自己一个赞；当自己情绪不好，难受伤心时，不要忘记给自己安慰和拥抱；当自己身体不舒服时，不要忘记停下脚步，歇息一下。先学会照顾自己，感受自己对自己的爱，这样别人才会来爱你。

第二句，"我是有价值的"。每天给自己一些肯定和欣赏，告诉自己哪些地方做得好，哪怕是很小的事情。比如今天我很高效，能够按时完成工作和学习；比如今天我很自律，去健身房打卡了一个小时，等等。

第三句，"我是独一无二的"。全世界70多亿人中，你是独一无二的，你有你的特质和不可替代之处。尽管人无完人，但你始终是这个世界的唯一。

第四句，"我是有贡献的"。你可以为家庭、公司、朋友做些力所能及的小事，当你去做时，你就会从他们的反馈中感受到被他人需要的美好。这种体验会让你不知不觉感受到自己的价值。

第五句，"我是属于这里的，这里需要我"。一架飞机少了一个零件是飞不起来的。在一个组织里，不管是负责保洁的阿姨，还是负责全局运营的CEO，都是不可或缺的一部分。因此无论能力大小，你都是你的家庭和团队所需要的。

当你开始这样做时，请你留意生活上的改变，你会神奇地发现，不仅你的配得感提升了，而且，你的生活也越来越美好了。

◎ 活得累，是因为你"太要脸"了

你是否没做什么辛苦的工作，但仍然感觉很累？比如被领导责备时，会觉得仿佛全世界的眼睛都在看着自己；又或者非常在意别人的看法，一点风吹草动，都会敏感不安。

如果你有这样的迹象，大概率是"太要脸"导致的。如果你能学会"不要脸"，那么你整个人都会变得更轻松。

如何才能学会"不要脸"呢？请你记住以下三个真相。

第一个真相，感受上的真实不代表客观事实。

有时，我们会因为别人的一些眼神或行为就开始不断揣摩："我做错了什么，对方是不是不喜欢我？"可事实上，这些负面想法很大程度上都是你的主观猜测。在心理学看来，感受上的真实并不代表客观事实。也就是说，客观的世界是什么样，是一回事，但人们内心感受到的世界是什么样，又是另外一回事。所以你真的不需要脑补这么多。

第二个真相，别人没有你想象中的那么在意你。

生活中很多人会陷入"焦点效应"的误区，把自己看作一切的中心，感觉自己的一举一动都在别人的注目下。其实，这是一种高估别人对自己关注度的行为。虽然这么说有点让人伤心，但别人真的没有你想象中的那么在意你。大多数人也都会更多地关注和自己相关的事。

美国有位心理学家曾做过这样一个实验：让一部分学生穿上带有奇怪图案的T恤，然后进入一间很多人在上课的教室。这群学生预测，有50%的人会注意到他们的衣服。但最后结果显示，只有23%的人注意到了。所以，有时候我们真的无须太注重"脸面"，坦然地做自己就好。

第三个真相，我们无法满足所有人的期待和喜欢。

你事情做得再好，也会有人不满意；你再委屈自己，也会有人挑你的错处。我们无法满足所有人的期待，也无法让所有人喜欢。有句话说得好："即使你是一颗鲜嫩多汁的桃子，世界上还是会有人不喜欢桃子啊。"所以你只需要做好自己就行。

毕竟生活和感受都是自己的，他人无法代替我们去体验生活的酸甜苦辣。

如果你是一个"太要脸""太在意别人看法"的人，那么这三句话你可以拿来时刻提醒自己。

第三章

不够好也没关系

谁在操控你的选择

◎ 你可以不自信，但不能没自尊

我不够自信怎么办？

其实，不自信是可以的，因为自信通常跟做某件事的能力有关，比如我有演讲能力，所以对演讲这件事，我很自信；但我唱歌不好，在唱歌方面就没有自信。

人不是万能的，又何必强求事事自信呢？没有自信是可以的，但千万不能没有自尊。

什么是自尊？我们来看一个经典的案例。

有一次刘德华先生在香港开演唱会，出现了一个意外状况：在做一个舞蹈动作时，他的裤裆爆开了。如果你是刘德华，你会如何应对？我猜大多数人都会夹起双腿，试图掩盖裤裆开裂这件事。

当你这样做时，会有什么后果？你的所有精力都会聚集在裤裆上，这样的话你的歌还能唱好吗？

刘德华是团长十分喜欢的一位明星，之所以喜欢他，不仅是因为他取得的成绩，更是因为他在这件事上的应对。刘德华发现自己的裤裆开裂后，不仅没有做任何的掩饰动作，反而大大方方地告诉观众，然后毫不在意地继续唱歌跳舞。

刘德华之所以能如此坦然应对，是因为他不会因为裤裆开裂这件事影响他对自己这个人的信心。这种不会因为某些事情做得不够好就否定自己的特质，心理学称为"高自尊"。

自尊是对自我价值的主观评价，跟能力无关、跟事情的成败无关，跟你对自己这个人的信心有关。

在唱歌这件事上，我不自信，但我不会因为我唱歌不好而否定自己。就算我在某些方面有弱点、有不足，我也不会因此怀疑自己，我依然对自己这个"人"充满信心，这种信心叫"自尊"。

自尊，是指个人基于自我评价所产生和形成的自重、自爱，它是一种内在的自我价值感，是对自己综合价值的主观评判。

所以，不够好没有关系，你可以不自信，只要你有足够的自尊就够了。

◎ 为什么有些人自信满满，却又不堪一击？

为什么有些人自信满满，却又不堪一击？答案很简单，他们的自信都是建立在某件事情，而不是自己这个人上的。

所以，当他们成功时，他们自信甚至自大。可一旦失败，引以为傲的外在成果消失，他们整个人就会跟着崩溃。对自己缺乏信心，才需要通过外在的成功来证明自己的价值。而真正的自信，从来无须证明。

有的人看上去自信满满，其实他们不过是自大罢了。自大，是自以为了不起。自大的人喜欢把自己的地位、财富、在集体中的作用等看得过分重要，他们喜欢夸大自己在团队中的价值。

与之相似的状态还有自负和自傲。"自负"是指过高地估计自己的能力，"自傲"是指自以为比别人高明而感到骄傲。

一个人的自信（自尊）与事情无关，与能力无关，它是一种发自内心地相信自己、不依赖任何事的能力。而"自大""自负""自傲"等状态都跟所做的事情或能力有关，一旦这些自己依靠的事情或能力不再存在，人的价值感就会坍塌。

而自尊刚好相反，这种感受因为不依赖任何外在的东西，所以高自尊的人哪怕是遇到暂时的失败、挫折，也不会影响他们对自己的信心。

一个人要如何面对自大？当你觉察到自己有自大或者骄傲的行为时，问问自己，我的价值真的需要这些东西去证明吗？如果没有了这些东西，不再富有、不再掌权、不再优秀、别人不再喜欢，我还能为自己感到骄傲吗？如果要依赖这些东西才能骄傲，我真正的价值在哪儿呢？

这些问题能够让你清醒，一旦你清醒地看到了自大恰恰是因为自卑所致，你就会有新的选择，从而不再伪装自己，回到自我成长的路上。这样，你自然会一天比一天自信。

如果你需要与一个自大的人打交道，请先唤醒自己的慈悲心，用你的慈悲心去看到，自大的人之所以这样，是因为他的内在十分脆弱。

如果你能从他看似强大的外表中看到他那颗脆弱的心，你就不会跟他计较。面对这样的人，要多给予他们一些肯定，因为只有当他们的内在越来越相信自己时，他们才能摆脱自大，回归到平和的心态。

◎ 犯了错该怎么办？

犯错并不可怕，可怕的是不知道如何弥补。

有一个故事是这样的：

从前，有一个小男孩总爱发脾气。一天，父亲给了他一些钉子，对他说："你每发一次脾气就把一个钉子钉在栅栏上。"自从他学会控制脾气后，栅栏上的钉子就不再增多了。父亲又对他说："如果你坚持一天不发脾气，就从栅栏上拔下一颗钉子来！"终于，小男孩把那栅栏上所有的钉子都拔下来了。父亲让他看看栅栏上的小孔，对他说："当你向别人发脾气时，你的言语就向钉子一样，会在人们的心灵中留下疤痕！钉子虽然拔出来了，但疤痕永远存在。"

这个故事似乎在说，曾经犯下的错误永远无法弥补。于是，不少人因为害怕犯错，变得谨小慎微，畏葸不前，一生只活在墙角。而那些曾经犯过错的人，也有很多因此愧疚终生，一生都不放过自己。

人无完人，试问谁能一生无错？难度犯错后真的就无法弥补了吗？团长并不这样认为。那犯错之后该如何弥补呢？

心理学有个理论叫作"情感银行"，这是借用银行的概念对人际关系做的一个形象比喻。人与人之间的关系就像银行系统一样，一个人在另一个人的心中会有一个情感账户，你对他做的好事，比如对他的肯定、认可、赞美、鼓励、帮助等，就像源源不断地往这个情感账户里存款；而你对他的批评、求助、否定，还有你无心对他犯下的错，等等，就像从情感账户中取款去消费一样，会让余额逐渐减少。如果消费数额高于存款数额，关系就会破裂。

根据这个理论，犯错并不是不可弥补的，只要你诚心做更多往情感账户存款的事情，对方心中的伤痕就会慢慢被抚平。

再给大家做一个比喻。我是广东人，广东人喜欢喝汤，假如不小心汤里盐放多了，咸得无法喝了，该怎么办？很简单，加水就行了。加水后没有肉味了怎么办？再加多些肉就行了。

破镜不能重圆，但枯木可以逢春。破镜之所以不能重圆，因为镜子是死物；枯木可以逢春，因为树木虽然部分枯萎了，但树毕竟是有生命力的。

只要你的心是活的，一切都可以重新焕发生机。因此，不必害怕犯错，也不必因过往犯过的错而过于内疚，只要你愿意，一切都可以重来。

◎ 你的缺点，其实是你的优点

一个孩子活泼好动是优点还是缺点？这要看他在教室还是在运动场。其实所谓优缺点，全在于你自己的定义。

任何事情都是一体两面的，有一利就会有一弊。爱哭的另一面是共情力强；一根筋的另一面是更容易坚持自己的想法和决定，不会太受外界的干扰；优柔寡断的另一面是做事思虑周全；内向的另一面是更擅长独处和深入思考……

只是生活中人们总习惯于看到自己的缺点，并因此屏蔽了优点。这是很多人感到痛苦的原因之一。

记得有一次我为一对夫妻做个案，女方是一个计划性强，处处要按计划行事的人，而男方刚好相反，喜欢行事随意，总是不按常理出牌。

太太抱怨丈夫没有条理，丈夫不满太太的条条框框，让他感觉没了自由，于是双方争吵不断，矛盾重重。

后来我做了一件事，就让他们破涕为笑。

我问这位太太："如果你看一部电影，电影里的故事发展全在你的计划之内，你会觉得好看吗？"答案是否定的。我又问她："你这么强调要有计划，你是喜欢你先生按计划送你鲜花，还是出其不意地收到令人惊喜的鲜花呢？"

她笑了。其实她并不是真的一定要求先生有计划，她只是一边享受了不确定性的乐趣，一边抱怨那些不确定的事情给她带来的麻烦。

男方也不例外，我问他："你的个性如此随意，如果没有一位做事计划性这么强的太太在身边，你的生活会变得怎么样？"他有点不好意思地说："会乱得一塌糊涂。"

也就是说，他的痛苦来自他一边享受了太太为他做计划的好处，一边又在抗拒这些计划带来的代价。

我们会发现，我们试图抗拒弊端的同时，也会因此失去那些我们想要追求的好处。但如果能反过来，先看到那些我们拥有的，并为此表达感恩，我们得到的一定会越来越多，而那些代价，也就可以控制在可接受的范围里了。

我请这位丈夫对他的太太说："谢谢你的计划，让我的生活有了保障。"同时，我也请太太对她的丈夫说："谢谢你充满不确定的性格，让我的生活充满了乐趣。"横在他们之间的隔阂好像瞬间就消失了。

所以从现在开始，学会感恩你现在所拥有、所遇见的一切吧，包括你的缺点。因为，你的缺点的另一面，就是你的优点。

◎ 允许自己脆弱

经常有人说：我的抗压能力特别弱，承受不了挫折，怎么能让自己内心强大起来呢？

想让内心变得更强大，就要先允许自己脆弱。内心的强大是一种主观的判断，它不是客观的，不是因为我拥有了什么，我的内心才强大。内心强大的内核叫自我价值感高，这是一个人对自己的一种主观评价。如果你能够给自己一个主观的好评，那你的内心就会像一台装配了强力发动机的汽车，动力强劲；但如果你总是否定自己，总是给自己差评，那就会让你的发动机性能变得很弱，一点小坡都爬不上来。

这个主观评价来自哪里呢？其中之一就来自你怎么看自己，如果你不允许自己脆弱，你就会给自己差评：我怎么那么蠢，我怎么那么胆小，我怎么一点小事都做不好，等等。这些负面评价就像一把把刀，刀刀插在自己身上，会让你的自我价值感、自我评价越来越低，进而力量也越来越弱。

如果允许自己脆弱，你就会开始慢慢变得更加强大。

举个很好理解的例子，比如，我的普通话不好，如果我因此总是指责自己怎么那么差劲，普通话怎么那么烂，那我对自己的评价就越差，我就更加不敢面对镜头，进而内心的力量就更弱。但是，我允许自己普通话差，接纳自己的不足，那我就不会埋怨自己，我带着一口不标准的普通话，也敢跟大家分享一些心理学的知识。这个时候就是我内心反而变得有力量了，因为我不再否定自己！所以，接纳自己的脆弱，就是力量的来源。

如果你想变得强大，首先你要接纳自己脆弱。当你不再逃避脆弱，而是带着自己的脆弱去做事时，你的内心就会越来越强大。

什么叫作勇敢？很多人认为勇敢是不害怕，但事实并非如此，真正的勇敢并不是不害怕，而是一边害怕一边鼓起勇气去做。我害怕，但是我还敢于去做，那才是真的勇敢，强大也是一样。

一般人对勇敢都存在一个错误的认知：我是一个勇敢的人，怎么可以害怕呢？团长在这里很负责任地告诉你，那些你认为勇敢的人，其实他们跟你一样，也会感到害怕。不害怕的人不是勇敢，是变态。真正勇敢的人的独特之处在于，他们一边害怕，一边行动。

团长跟大家一样，有很多的弱点，我也很脆弱，但是我敢于跟你们分享，不怕你们嘲笑，因为我允许自己脆弱，就像我允许自己的普通话不够好一样。

◉ 你在证明你自己吗?

假如你不小心被关进精神病院,你会如何证明自己没病呢?

分享一个故事:

一个负责转运精神病人的意大利司机,因为疏忽,让三个患者中途逃掉了。为了不丢掉工作,他把车开到一个巴士站,谎称可以免费搭车,把三个精神正常的乘客当作患者送进了医院。

一个叫格雷·贝克的记者采访了这三个人,问他们是通过什么方式证明自己不是精神病人,从而成功走出精神病院的。

第一个人甲说:"我对医生说:'地球是圆的。'这句话是真理。我想,讲真理的人总不会被当成精神病吧!"

格雷问他:"那最后你成功了吗?"

甲说:"没有。在我第十四次说这句话的时候,护理人员直接在我屁股上注射了一针。"

第二个人乙说："我告诉他们，我是社会学家。我说我知道哪个国家的总统是谁谁谁，可他们却不信，给我打了一针。"

格雷问："那你们后来是怎么走出精神病院的呢？"

乙说："是丙把我们救出去的。他进来之后，什么也没辩解。该吃饭的时候吃饭，该睡觉的时候睡觉。当医护人员给他刮脸的时候，他会说谢谢。第二十八天的时候，他们就让他出院了。"

格雷最后发表这样的感慨，一个正常人想证明自己的"正常"，是非常困难的，也许只有不试图去证明的人，才称得上一个正常人。

我同意格雷这句话。有时候证明自己的最好方式就是不去证明。

一个人的价值并不取决于别人的评价。相反，那些拼命证明自己的人，正是因为不确定自己的内在价值，所以才迫切需要外界的认可来为自己证明。

就像你是男人，你根本无须证明你是男人。除非你不太确定，你才会努力去证明。但很多时候，这种证明的效果往往是适得其反的。

所以请选择相信自己，走自己的路，时间也许会证明一切。

◉ 懦弱是另一种成功

懦弱是一种获得爱的策略，是另一种成功。

奥地利心理学家阿德勒认为，因为人类出生后在很长时间里都需要他人的照顾才能生存，所以人生而自卑。为了克服自卑感，人会追求优越。所谓追求优越，就像森林里的树努力往阳光多的方向生长，人也一样，为了获得关注、获得爱，人内在有一股动力，推动不断进取，争取出人头地。

追求优越有两个方向。

一个是变强的方向。比如，孩子为了获取优越感，会用功读书，考个好成绩，让自己表现突出，成为众人的焦点。这样的孩子长大后也一样，他们会努力工作，在事业上取得成就，出人头地，光宗耀祖。

另一个是变弱的方向。当孩子无法在对他人和自己有益的事情上表现优秀时，他们就会通过相反的方向获取优越感，比如调皮捣蛋、搞破坏、生病、懒惰等。我们都知道，在一个班上，除了好孩子会得到关注外，坏孩子也会得到关注。

在丛林时代，弱者本来是无法生存的，但随着人类文明的发展，社会诞生了关爱弱者的价值取向，弱者会得到社会，特别是亲人的照顾。因此，当孩子无法通过变强获得优越感时，他们就会反其道而行之，让自己变得弱小以获得亲人以及社会的照顾。

于是，懒惰、懦弱、脆弱不堪、一事无成的人比比皆是。其实，从另一个角度看，他们并不是弱者，变成弱者只是他们获取优越感的一种策略。他们成功地获得了他们想要的，所以，他们也是强者，他们是装作弱者的强者！他们并不是真的无能，在扮演弱者这件事上，他们是强者！

明白了这个道理后，如果你就是这样的一个人，你要知道，你并没有失败，相反，你是一位十分成功的人士。在扮演弱者这件事上，你十分成功！每个人都有自己的生活方式，就像丛林中有大树，也有寄生在大树上的藤蔓，如果你喜欢这样的生活，完全没有问题。问题是，你选择了这样的生活，而你又对此心生抗拒，那你就会苦不堪言。

其实，真正接纳自己的脆弱的那一刻起，你就已经开始变强了。

当然，如果你不想让孩子变成弱者，那最好尽早把孩子的人生还给孩子，减少孩子对父母的依赖。伴侣也一样，如果你的伴侣是个懦弱无能的人，那可能是因为你太过强大了。大树之下难以长出繁茂的小草，有你的照顾，他为什么要像你一样，那么辛苦呢？他才不会像你那么傻！

第四章

世界无限，除非你自我设限

谁在操控你的选择

◎ 信念的力量

你相信信念的力量吗？心理学有个原理叫作"自我实现的预言"。在这个原理的作用下，你心里所想的大多数事情都会变成现实。

团长跟你分享一个小故事。

从前有个算命先生，他算得很准，方圆几十公里的人都知道他，经常找他算命。算命先生能算别人，当然也能算他自己。有一天，他掐指一算，算到自己在某年某月某一日会有一劫过不去。当一个人知道自己什么时候会离开这个世界时，他自然会安排好自己的后事。

在安排后事的过程中，消息传了出去，他的亲朋好友都知道了他哪一天会走。于是，到了那一天，他的亲朋好友都来到了他的家里，准备送他最后一程。这位算命先生安排好所有后事后，也没有别的事情可做了，只能在房间里等。可是从早上等到了中午，再从中午等到了晚上，眼看时间快到午夜子时了。要知道过了子时，他如果还不死，就表明他算得不准了。如果算得不准，那他有何面目再见父老乡亲、徒子徒孙呢？为了维护自己一辈子的英名，他最终做了一个艰难的决定——他自杀了。

请问这位算命先生是怎么死的？对，他被自己给算死了。

当然，这个故事是团长杜撰的。不过，在现实生活中，类似的故事比比皆是。心理学研究发现，人们总会执着于证明自己是对的，当一个人内心坚定地相信某一件事时，他就会创造出各种各样的条件让这件事变成现实。这就是"自我实现的预言"。

为什么会这样呢？因为人们的思想会决定行为，而行为会产生结果，行为结果的累积就是一个人的命运。《失乐园》中有这样一句话：心是居其位，只在一念之间，天堂变地狱，地狱变天堂。这句话的意思是说，千万不要小看任何一个微小的念头，它可能会产生非常巨大的力量。信念本身是一种不可思议的力量，积极正面的信念，会让你的生活变得更好。相反，悲观、自我怀疑甚至自我攻击的信念则会损耗你的好运。

电脑中毒了，会死机。人脑如果中了思想的病毒，也会毒害你的一生。所以如果你想改变人生，不妨从改变内在的信念开始，让自己持续拥有积极正面的信念。

◎ 人生的很多痛苦，是念头的痛苦

美国心理创伤领域的专家朱迪思·赫尔曼在《创伤与复原》一书中讲了这样一个故事。

史蒂芬妮曾在一次派对中惨遭轮奸。当她对自己的心理治疗师说起这件事时，治疗师被那持续两小时、惨无人道的侵犯过程吓得毛骨悚然。然而对史蒂芬妮而言，最折磨她的并不是这些，而是侵犯结束，强暴者强迫她说这是她有过的"最棒的"性交体验时，她在麻木和无助的情况下，顺从地说了"是"。事后她感到极度羞愧，并憎恶自己。

治疗师是怎么帮助她的呢？他先向史蒂芬妮解释了人们面对恐怖时，会出现麻木和顺从的正常反应，并询问她当时是否意识到恐怖的感觉。

随后，史蒂芬妮渐渐想起更多的细节：强暴者威胁她，如果她不说自己感觉"太棒了"，他们就会"再让她爽一次"。

在治疗师的帮助下，她发现原来自己的顺从只是帮助自己逃命的方法，而不是对自己的贬低。于是，她终于从对自己极度的羞愧和憎恶中走了出来。一念之转，史蒂芬妮从痛苦中解脱出来。

被性侵当然是让她痛苦的起点，但性侵事件早已成为过去，让她持续痛苦的并不是被性侵这件事，而是"我不应该承认自己感到了满足"这个想法。

大部分人通常都相信，痛苦是由外部因素造成的，是因为发生了某些事情或别人如何对待了我们，我们才产生痛苦。

实际上并不是这样，我和大家补充一个心理学的原理：ABC法则。

ABC法则的提出者埃利斯认为，不同的人对同一事件会有不同的情绪和行为反应，并非事件本身引起了这种反应，而是人对这一事件的不同看法导致了不同的反应。这些看法被称为"信念"。

具体而言：A是指诱发性事件（activating event）；B是指个体在遇到诱发性事件后产生的信念（belief），即他对这一事件的看法、解释和评价；C是指特定情境下个体的情绪及行为的后果（consequence）。

很多人认为，是事件引发了一个人的情绪和行为，ABC法则却指出，事件只是激发了我们的信念系统，让它发挥作用，由于人对各种事件的看法不同，才会出现各种不同的情绪和行为。也就是说，你对一件事情的看法，会影响你对这件事情的感受和行动。这个理论也可以解释，为什么面对同样一件事情，有些人表现出一种行为，另一些人表现出另一种行为。真正起作用的不是A，而是B，也就是你的信念。

这个法则说明，我们的痛苦往往跟我们面对的事情并没有太多关系，而是取决于我们的想法。

比如，人面对恐惧时会产生麻木的反应，生物学家也证明过被性侵时有快感是正常反应。这是一个事实，面对这个事实，不同的想法会产生不同的反应。如果受害者认为"我不应该承认自己感到了满足"，她就会痛苦。但如果她接受这个事实，知道自己当时是为了自我保护才这样，那她的痛苦就会减轻很多。

虽然这只是一个个例，但我们今天的生活现状，就是我们过去行为所导致的结果。而过去的行为背后，一定有信念的影响，是信念决定了我们的人生。

人之所以会痛苦，是因为脑子里有一些破坏性的信念。这些破坏性的信念，可以称为"病毒性信念"。每种痛苦下面都有一种"病毒性信念"。当你能够觉察并转变这种信念时，你的人生就会发生改变。如果你能顺着痛苦找到这种信念，然后改变它，你就能够改写你的人生。

所以，痛苦下面其实藏着一份礼物。转变痛苦的关键，就是改变我们的信念。

◉ 世界无限，除非你自我设限

每个人都是自己思想的囚徒。为什么这样说？请听团长分享一个真实的故事。

曾经的团长也是一个思想封闭的人。我是农村长大的孩子，就像井底之蛙，视野十分有限。当我带着有限的认知步入社会时，我的一个同事就给我好好地上了一课。

1999年，我来到广州工作。有一天，公司策划了一个叫"南方知识经济论坛"的活动，我一位同事在会上汇报了他准备邀请的嘉宾，让我目瞪口呆。

因为他想邀请的，都是当时响当当的大人物，有国宝级的经济学家厉以宁、著名企业家刘永好、策划大师王志纲、正泰集团董事长南存辉等。我问他："确定不是异想天开吗？这些人你认识吗？我们公司能给得起出场费吗？"

他笑笑说："团长，我请不动他，但有人请得动他；我没有经费，但有人会出钱。"我听了更觉得无厘头："你说那么绕是什么意思啊？有人请得动他和我们有什么关系呢？"他反问："如果我把他们请来了，你怎么办呢？"还好我当时没说："我裸奔！"否则后果不堪设想。

没想到，后来他还真把这些大人物请到了。他和我出身差不多，没什么显赫的背景，智商也不见得比我高，可为什么他做成了这件事呢？

这就和他的思维方式有关了。

他是这么思考的：这些大佬先别说我们不认识，即便认识也未必会给我们面子，但他们一定会给谁面子呢？答案就是——媒体。他正好有位同学在中国青年报社做编辑，他想，只要我们和媒体合办这个论坛，不就行了吗？在纸媒盛行的年代，媒体的影响力是足够大的。而且，媒体也需要有人操办一些有影响力的活动。于是，一谈就成，他想请的大佬几乎都请到了。更神奇的是，这些大佬根本不用我们出资招待，广州很多企业家听说他们要来，都争相接待他们。这就是他说的"我们做不到，但有人做得到"。

经此一事，我心中响起了一句话："世界无限，除非你自我设限。"我开始学会突破内心的思想限制，从此之后，我的世界豁然开朗。

几年后，我也办了场论坛，那时企业家里马云是最有影响力的，我想请他作为我们论坛的主讲嘉宾，与著名的策划人王志纲对谈。以我当时的实力和背景，这两位都是望尘莫及的大人物，但结果我做到了，我是怎么做到的呢？思路跟我前面说的那位同事一模一样。

在心理学中，那些限制我们发展的思想被称为"限制性信念"。

限制性信念指的是那些隐藏了某种限制因素的"想法"，它们不仅局限了我们对世界的认知边界，还会让我们的人生选择变少，因此也被称为"病毒性信念"。

比如"不可能""我不够好""没办法"等，这些信念会让我们的选择变得更少，人生变得被动。限制性信念，就是我们思维里的"墙"。

也许你会想：不是我不敢想，真正限制我的不是思维，而是我口袋里的钱，是贫穷限制了我的想象力。

如果你这么想，那就大错特错了，因为不是贫穷限制了你的想象力，而是你的想象力让你贫穷！

团长大学时，周围的同学都家境优渥，他们还不到20岁就已经游历过美国、加拿大等国家。每当听他们和我描绘国外的故事，我都像如今人们听科学家描绘火星、木星一样震撼，那时我就立志："你们能去的地方，我也能去，我要周游世界。"

尽管我只是一个来自农村的穷孩子，连吃饭都成问题，可我并没有放弃这个梦想。我一直怀揣着它经历毕业、工作，直到后来自己创业。

2001年的时候，我依然不是很富裕，可是一次偶然的机会让我有了灵感：像我一样想周游世界的人一定很多，既然那么多人都想出去看世界，这不正是一个绝好的商业机会吗？

于是我开始策划一个带企业家组团出国游学的活动，我想，这些企业家最想去的地方，一定是国外知名的企业。我辗转联系到一个在日中友好协会工作的同学，说我有一些企业家朋友想去日本的企业参观学习，能否帮我对接一下。

几天之后他打电话给我，说松下集团很愿意接待我们。我好开心，于是"得寸进尺"，请他再帮忙联系联系本田、丰田等企业，他还真都联系到了。

于是我招募了120多个企业家，一行人浩浩荡荡前往日本。这次出行非常成功，大阪市市长及松下集团的董事长都出面接待我们，团友们觉得非常荣幸。于是我的胆子更大了，又陆续组织大家参观了德国的奔驰、宝马，北欧的沃尔沃，美国的英特尔等企业，渐渐走遍了30多个国家。就这样，我不光周游了世界，作为带队的团长，我还赚了不少钱。

所以，限制你的究竟是思想还是口袋里的财富呢？如果思想不打开，口袋就一定是空的。

我们思维里的"墙"，就像一个框架，把我们"人"紧紧束缚，最终成了"囚"——困在自设的牢笼里，举步维艰。

可是，为什么我们的大脑那么笨，非要产生限制性信念呢？只产生积极的信念难道不好吗？

积极的信念固然好，但事实上，所有信念的存在都有其意义。限制性信念看起来局限了你，但它曾经也可能扮演过帮助你、保护你的角色。我给大家讲个故事，揭开其中的奥秘。

在我出生的地方，家附近有一条清澈的小河。每当夏天来临时，都会有很多孩子在河里嬉戏打闹，捉鱼捕虾。那时我还小，每当看到玩伴们在河里戏耍，就感到很不是滋味儿，因为我根本不会游泳，而且我也不能去学游泳。

为什么会这样？

因为我妈妈非常担心我下水会不安全。在农村的河流、水库附近，每过几年就会发生小孩溺亡的悲剧，尽管发生这种不幸的概率并不高，就像我们时不时会在街上目睹或在新闻中看到交通意外的发生，但这并没有阻碍大家每天都开车上班一样。

可妈妈还是很担心，为了避免这种危险，她一直不许我去河边玩，更不要说学习游泳了。我一直很听话，直到初中进入叛逆期，才渐渐脱离她的"管控"，背着她悄悄地学会了游泳。

妈妈是想害我吗？肯定不是。她是在意我的安全。限制性信念也是一样，它的存在是为了保护我们，只是在保护的同时，也限制了我们的人生。

我想有些读者已经看出来了，我妈妈之所以会这样做，是因为她没有安全感。所有的限制都是为了保护我们的安全，我们的限制性信念，就和安全感有关。

比如有些妈妈带五六岁的男孩逛商场，突然想上卫生间，但男孩不方便带进女厕所，这时妈妈就会很纠结、担心：让孩子待在外面怕他乱跑被拐，直接带孩子进去又不礼貌。于是，很多妈妈就会对孩子说："待在这里哪儿也别去，别和陌生人说话，他们都是坏人，妈妈很快出来。"

这样对孩子的确是一种保护，但孩子长大后就会有个信念：不要跟陌生人说话，陌生人会害我。于是很多长得人高马大的男士，一到人多的场合就社恐，原因就是他的思想被妈妈当年的叮嘱"封印"了。

所以，限制性信念是有"时效性"的，当年是保护你的盔甲，今天就有可能是束缚你的枷锁。

没安全感时，我们往往会筑起高墙保护自己。然而，武侠故事里真正的武林高手，从不会把自己裹在厚重的护具里，因为他们几乎就是全天下武功最高强的，根本不需要太多外在的防护，他们的底气源于自身的信念与实力。

现实中的人也一样，如果你内心足够强大，敢于拆除思想中禁锢自己的高墙，你的世界将会变得更加宽广。

请相信，世界无限，除非你自我设限！

◎ 烦恼只因心太小

为什么有的人心态很好，而有的人心态总是很差呢？要回答这个问题，先跟大家重温一个耳熟能详的小故事。

很久以前，有个年轻人感到苦恼，上山找老禅师请教。老禅师让他去买两包盐。

盐买回来后，老禅师把一包盐倒进一杯水中，让年轻人喝，问他感觉怎么样。年轻人顿时被咸得说不出话来。老禅师接着把年轻人带到河边，让他把另一包盐倒入河中，让他再尝尝河水的味道。年轻人喝了一口，只觉得河水清冽甘甜。

老禅师对他说："盐就像你在人生中遇到的困难，而水就像你的心胸容量。如果你的心胸只有杯子那么大，你会觉得生活很苦；如果你的心胸能像河水一样宽广，遇到再大的困难，你也依然会觉得生活是甘甜的。"心胸有宽度，万事皆可渡。

道理很简单，但如何才能拓宽自己的心胸呢？

我们都知道，如果你希望在某个方面出众，必须经过针对性的训练才行。如果你希望自己肌肉强壮，最好就是勤去健身房。那么如果你希望自己心胸开阔，该到哪里锻炼呢？

心理学有一个工具叫作"思想健身室"，这个工具就是专门训练我们的思想维度的。一个人的思想维度变得宽广，他的心胸自然也会变得宽广。

思想健身室由三个维度组成。

第一个维度叫"位置感知法"。俗话说，屁股决定脑袋，你所处的位置不同，你所感知到的信息也会不一样。比如，身为父母的你，会觉得如今的孩子太矫情了，怎么那么一点小事都做不好呢！但如果你愿意将自己放到孩子的位置，以孩子的年龄和阅历去面对和思考他们的问题，你会发现，孩子在当下所面对的压力并不比你小。可惜的是，大多数家长都忘了自己曾经也是孩子。

心中有爱才能目中有人，你心中能放得下多少人，你就能跟多少人相处、合作。你心里容得下的人越多，你的世界就越大。

第二个维度叫"时间线思维"。时间线可以划分为"过去""现在""未来"三个认知框架。以现在的视角回望过去，你会发现，过去经历的那些困难，现在看起来，不过是小菜一碟。同样，你今天遇到的困难，以未来的视角看，也会是小事一桩。

当我们以当下的时间框架去看待问题时，往往会被困难束缚思维。所以如果你遇到困难，不妨跳出当下的时间框架，以未来的视角审视所遇到的困难，相信你将会豁然开朗。只能看到眼前利益的人叫"目光短浅"，能用未来的尺度丈量今天的人才能称为"目光长远"。

你可以问问自己如下问题：

十年之后，我会如何看待这件事呢？

当我走到人生终点时，回望自己的一生，这件事对我而言到底有多大的影响呢？

如果我要写一本回忆录，我会如何记录这件事？

这件事对我人生而言，意义是什么？

在给心理学导师上课时，我经常会对他们说："你今天遇到的每一个困难，都将成为你以后讲课的案例。"将这句话稍做改动，大家同样适用：你今天遇到的每一个困难，都将成为你以后跟别人吹牛的资本！

第一维的空间加上第二维的时间构建了一个平面，如下图：

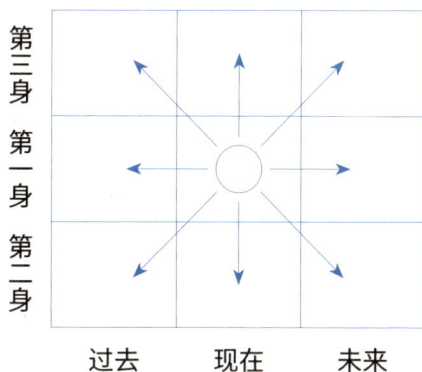

如果只通过中间的框架（第一身、现在）看问题，叫作心胸狭窄，只有站在所有框架上看问题，那才叫"胸怀广阔"。

如果加上第三个维度"思想理解层次"，就构成了一个立体的思想空间，如下图：

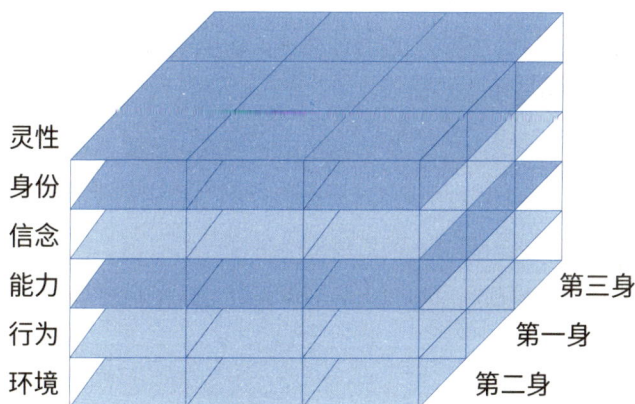

什么叫"思想理解层次"？请看下一节。

◎ 思想的层次决定了你人生的高度

人与人之间的区别在于思考问题的层次不同。了解并提升自己的思想层次，可以帮助我们在生活中做出更明智的决策，获得更多的成功和满足感。

你有没有碰到过高人呢？高人，就是那些思想层次特别高的人，遇到问题时，他们一眼就能看清问题的本质，并懂得从更高的层次寻找解决方案！

英国人类学家贝特森指出，所有的问题，在更高的思想层次上都存在着解决方案。爱因斯坦也说过类似的话：人类的困境，源于人们往往在制造问题的层面解决问题。

那什么是更高的思想层次呢？来看看下面这张图：

灵性 —————— 为了谁
身份 —————— 我是谁
信念 —————— 为什么做
        怎么做
能力 —————— 做什么
行为 —————— 在哪里
环境

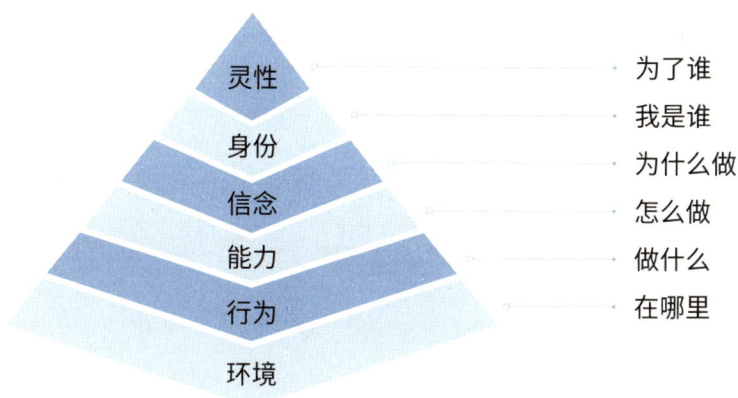

　　人思考时离不开这六个层次。你如果遇到难题，对照这个图，从更高一个层次思考，困难将不再是困难。

　　第一层是"环境"，也叫外部归因层。在这一层思考的人，会习惯性地把问题归咎于环境。对大部分人来说，环境是万能的"背锅侠"，什么都可以怪它：公司不景气，因为经济不好；我穷，因为我不是富二代；孩子不爱学习，都是因为网络游戏……总之，身边的人、事、物都可以怪，唯独不怪自己，这就叫怨妇思维。如果你身边有特爱抱怨的人，那他一定处于这一层，他眼中看不到其他办法。对这类人来说，除了抱怨就只能换环境了，跳槽、换伴侣……不过，换完之后他们很快又会开始抱怨。
　　不要看这只是第一层啊，有很多人其实都处于这一层。

　　我们往上来到第二层——"行为"。习惯在这一层思考的人通常很努力，他们会把问题归咎于自己做得还不够多。比如业绩不好就多跑几个客户，上班时间做不完就多加班，成绩差就找补习班……他们认为，只要多做一点，多努力一些，问题就会解决。

这一层的人比前一层稍好一些，因为"小富由勤"，勤奋的人保障温饱基本没问题，不过，他们的生活过得比较累。

要想过得好，还得往上走一层，第三层是"能力"。一个人拥有的知识、技能等，就是能力。习惯在这一层思考的人认为，有了能力就有了选择的权利，能让生活变得更好。因此，遇到问题时，他们不再像第一层的人那样抱怨环境，而是主动承担责任。比如，公司业绩不佳，大环境有了变化，他们会学习新的技能。如果收入不高，就找出自己的短板死磕，把它补足。教育子女也一样，这类父母会未雨绸缪，让孩子从小学习各种技能，不会让自己的孩子输在起跑线上。

能到这一层的人啊，已经相当不错了，他们是社会的中坚力量，有一技之长，衣食无忧。不过，就算他们能力再强，技术再好，个人的力量毕竟有限，所以他们能成就的事业有限，还不能算是高人。

要成为高人，就要来到第四层——"信念"。这一层的人，会开始思考"为什么"的问题。为什么同样生而为人，有人富足，有人贫穷？人本具足，每个人都拥有让自己成功、快乐所需要的资源，否则就是被自己的思想束缚了。他们开始明白，人的行为受制于思想，每个人都是自己思想的囚徒。他们善于解放思想，知道个人的力量是有限的，他们懂得换一种思维方式，知道如何与有能力的人一起合作。在他们的世界中，没有"不可能"，只有"暂时还没有找到方法"，他们坚信，只要能解开思想的束缚，没有解决不了的问题。

这一层的人通常是团队的领袖，他们看起来没有掌握很多技能，但他们能让拥有技能的人为他们所用，他们站得高、看得远，是创新者，是指挥家。

更高的一层，也就是第五层，是"身份"。在这一层的人，思考的是"我是谁？""我要成为一个什么样的人？""我如何才能成为这样的人？"这类的问题。在实现目标的过程中，最有价值的不是你获得了某些东西，而是你成了你想成为的人！但可惜的是，生活中，我们经常看到，大多数人走着走着，就活成了自己曾经最讨厌的那类人。

在这个层次思考的人，他们生活坦荡、知行合一，他们的一生，就像王阳明所说的："此生光明，夫复何求？"因此，这个层次的人，通常是行业领袖、修行者，是人群中少有的活得明白的人。

第六层是最高的一层，叫"灵性"。所谓灵性，就是与世界联结。处于这一层的人已到达了"无我"的境界，他们的存在，就是惠及众生。他们是带着使命来到这个世界的，就像乔布斯所说："人活着就是为了改变世界。"他们的存在就是为了让这个世界变得更好。

这个层次的人通常是伟人、宗教领袖、政治家、圣人。虽然我们暂时还不是伟人，但也不妨学学他们的思维方式。

六个层次讲完了，你在哪个层次呢？会怎么运用这六个层次的思维方式呢？

举个例子，过去几年，因为疫情，我所在的心理培训行业遇到了前所未有的困难，这明显属于"环境"层次。在环境层思考的人，会把生意不好的责任推给环境，认为生意难做是疫情造成的。他们的应对方式是放弃、转行。但是，环境不好时，通常行行都不容易，所以，停留在环境层上解决问题，只会陷入困局。

换个层次思考就不一样了。从行为层思考，环境不好时，可以多做点什么呢？于是，不少同行开始降低产品价格，多做几场培训，多接点咨询个案，通过更加努力的方法渡过难关。这个方法是可行的，不过会让自己辛苦一些。

再上一个层次就是能力层，在这一层要怎么解决问题呢？可以提升自己的能力，比如学习直播与线上授课技术，把线下课程改成线上课程。这样，在疫情的环境下，培训业务也可以继续开展。这是大多数能存活到今天的培训师所采取的解决方案，团长也不例外，一把年纪了，依然在学习直播。

在信念层又会如何解决问题呢？在这一层，可以问问自己："我为什么要做这件事？这件事给我带来的价值是什么？"当我这样问自己的时候，我知道，我从事心理学培训这个事业，是因为我是心理学的受益者，我希望能把让自己受益的学问传播给更多人。曾经有一束光点亮了我，我希望这束光照亮更多人。当我明白我的目的后，我就问自己："除了线下培训这种方式外，还有什么方式可以实现我的目标呢？"答案很快就出来了，我可以写书，写书可以惠及更多人。于是，在疫情那三年，我利用不能讲课的时间，出版了三本书，销量超过30万册，影响的人数远高于线下培训。

再上一个层次，在身份层上，又可以有怎样的解决方案呢？在这个层次，要问的问题是："我是谁？我想成为怎样的人？"对此我早就有答案：我想成为导师的导师。在心理学界，有大量知识渊博的专家型导师，但真正能帮助人们解决实际问题的心理学导师十分稀缺。所以，我立志培养3001名像我一样的实用心理学导师。我知道，一名心理咨询师能帮助的人十分有限，但一名心理学导师可以影响数以十万计的学员。

我清楚地知道自己的身份后，在疫情阴霾的笼罩下，我也清楚地知道自己该怎么做。我要以身作则，为我带领的1000多名导师树立榜样，让他们看到在困难面前，他们的导师是怎么做的。所以，在疫情期间，团长并没有停止传播心理学的步伐，只是换了一个阵地，从线下走到了线上，影响的人数反而更多。

在灵性层，我向那些历史上的伟人和圣人学习，尽自己微薄之力，做一点让世界因为我的存在而更加美好的事情。因为，我知道，多一个人学习心理学，就少一个家庭走向破碎，多一个家庭得到幸福，这个世界也会多一份祥和。

换个思维方式，人生会更好。如果你遇到困难，不妨对照这个工具，看看你的困难在哪个层次，只要你愿意上升一个层次思考，你一定能找到问题的解决方案！

◎ 你反复练习什么，就会成为什么

水滴石穿不是水的力量，是重复的力量。所以，你反复练习
什么，你就会成为什么。

如果你反复练习指责，

你就会变成一个被人孤立的暴君；

而你反复练习宽容，

你才会变成一个受欢迎的领导者。

如果你反复练习讨好，

你就会变成没有自我的配角；

而你反复练习爱自己，

你才会变成身心愉悦的主宰。

如果你反复练习抱怨，

你就会变成一个痛苦的受害者；

而你反复练习承担，

你才会拥有自己说了算的人生。

如果你反复练习固执，

你会变成一个被思维困住的囚徒；

而你反复练习觉察，

看见自己的固执，

你才会变成一个自由的人。

同样，反复练习你的语言，你就会改变你的下半生。为什么这样说呢？

家庭治疗师萨提亚经常会在和来访者聊天时，改变对方的用词。比如，来访者对她说："我工作时遇到了一个困难。"她会这样重复："听起来，你遇到了一个挑战。"如果来访者说："我不行，我做不到。"她会说："我知道，你暂时还没有找到方法。"

当一个人看到的总是困难、问题，觉得自己不行时，他整个人的状态是很无望的。

因此萨提亚的智慧在于，她把来访者语言中的消极用词替换成了相对积极的用词，让受访者重拾信心。不要忽视一个词的力量，语言能轻易影响一个人的心情和状态。

所以从现在开始，学会和自己好好地说话。

当遇到困难时，请告诉自己：这只是一个小小的挑战。

当觉得自己不行、不可能做成某件事时，请告诉自己：我只是暂时没找到方法。

当遇到挫折、失败时，请告诉自己：这只是暂时的。

当被别人讨厌、说坏话时，请告诉自己：不管别人爱不爱我，我都爱我自己，我会一直好好爱自己。

生活中有一种问题，叫作你觉得自己有问题，但也有一种自信，叫作你觉得自己能行。

如果你对目前的生活不满意，不妨从反复练习自己的语言开始。当你开始用友善的态度对自己说话时，你就会发现你的前路开始明亮起来了。

第五章

情绪是毒也是药

谁在操控你的选择

◎ 最好的养生，就是养好你的情绪

你是不是很在意别人说的话？别人骂了你一句，你记一天，他就相当于骂了你一天；你记一年，他就相当于骂了你一年；你到死都记着，他就相当于骂了你一辈子。

如果你的情绪由别人掌握，你知道后果有多严重吗？《生命的重建》一书的作者露易丝·海研究了身体疾病跟个体心理的关系，发现大部分疾病都跟情绪有关。

我见过常年用保温杯泡枸杞的人却疾病缠身，天天早睡早起的人却身体虚弱，一直坚持健康的素食主义者却面黄肌瘦……只要你愿意观察，你会发现养生在情绪前面不堪一击。比起养生，养心更重要！

那如何才能养心呢？处理好自己的情绪是关键。管理情绪跟什么有关？跟你的想法有关。

很多时候，你以为是别人做了什么事让你生气，但其实你生气不是因为这件事本身，而是因为你对这件事的看法或者说诠释。

事实不会造成痛苦，造成痛苦的是你对事实的诠释。

改变你对事情的诠释，你的心情就会变得愉悦。比如，我的第一本书出版后，有读者说我的文笔很烂，一开始我很生气，但转念一想，既然我的文字功力不够，第一本书还能卖10多万册，这恰恰证明我写的内容好。你看，换一种诠释，心情马上就不一样了。

如果你把自己的情绪归咎于别人，那就无解了，因为你永远不可能改变别人的言行。但如果你能明白情绪其实是由自己的想法决定的，你就掌握了情绪的主导权。只要你愿意换个角度看问题，那些情绪就会烟消云散。

心理学中有一个方法叫"觉察"，简单来说就是学会"看见"。情绪就像藏在沙发里的水果刀，当你没看见它时，它就可能会给你带来伤害；可如果你能看见它，你就会选择把它拿出来，放在安全的地方，让它为你所用。

如何看见自己的情绪呢？心理学提出的"情绪记录法"便是有效的训练方式。如果你想提升情绪觉察能力，不妨按照下面的方法进行专门的练习。

情绪不是孤立存在的，每当情绪产生时，思想、身体反应、行为都会随之产生联动。所以，当情绪来袭时，能把相应的反应记录下来，你就能清楚地看见你的情绪，进而更好地理解与管理它。

举个例子，如果你的孩子不做作业，你很生气，把孩子骂了一顿。情绪平复下来后，你不妨做如下记录：

我的情绪：愤怒。

我的行为：骂孩子。

我的身体反应：身体僵硬、浑身充血，差点就动手打孩子。

我的想法：我太无能了，孩子都教育不好，丢人。

当你能把上述反应记录下来时，你就看见你的情绪以及因此产生的连锁反应。若你能这样坚持一段时间，以后情绪来袭时，你就能觉察到自己在这些方面的相关反应。这时，你就不再是习惯性地条件反射了，因为你可能会有新的选择与行动，这就是觉察。

学心理学的人并不是没有情绪，而是情绪来袭时，我们会有选择。当你有选择时，你就不会被情绪操控，相反，情绪会为你所用。

◉ 所有情绪都是在保护你

通常，人们会认为某些情绪是不好的，于是有了"负面情绪"一说，比如愤怒、悲伤、恐惧等。其实，这是对情绪认知的一个误区，从心理学的角度看，情绪其实没有正面和负面之分。

一个拒绝"负面情绪"的人，他对"正面情绪"的感知能力也会慢慢下降。我以前就是这样，因为习惯性地抑制所谓"负面情绪"，最后就几乎陷入没有了情绪的麻木状态，所有的情绪表达都被禁锢在非常狭窄的空间里。我太太称我为"木头"，因为我就像木头一样缺乏温度。

事实上，情绪的体验是相互关联的。如果你不去感受悲伤，你同样感受不到快乐；如果你感受不到痛苦，你也无法感受到幸福。一个不懂得愤怒的人，是不懂得激情的；一个感受不到痛的人，是感受不到兴奋的……所以，情绪如同钟摆的两端，此消彼长，你压抑了其中一端，另一端也必然受到抑制。

情绪没有正面和负面之分，每一种情绪都是有用的。

当然，如果我们陷入抑郁、焦虑、愤怒等情绪，确实可能会做出一些不良行为，所以我们要对情绪保持敏锐的觉察。

那么，面对这些会带来副作用的情绪时，我们该怎么办呢？

首先就是要接纳情绪。在生气时，如果你不断告诫自己"生气是不好的，我不能生气"，不允许自己生气，往往会适得其反，使愤怒的情绪愈演愈烈。同样，在悲伤时，如果你认为悲伤是不好的，极力抗拒，不仅会让你更难过，过度的压抑甚至还会让你生病。

情绪就像快递小哥，是来向你送礼物的，你收下它给你的礼物，它就不会再干扰你了。所谓"接纳"，就是收下情绪给你带来的礼物，允许情绪的出现，明白有情绪是人之常情。

情绪会给我们带来什么礼物呢？愤怒让你更有力量，守卫你的地盘；悲伤帮你暂时切断与外界的联系，让你有一个疗伤的空间；嫉妒提醒你不断进取，收获成长；恐惧让你做事小心，保护自身安全；焦虑让你加倍重视未来，提前做好准备……每种情绪都有它的功能，都有它的作用，所以当情绪来时，你要问它："你想告诉我什么？"

收下情绪带给你的礼物，并且感谢它，它就不会干扰你。如果你不懂得收下情绪的礼物，它就会像负责的快递小哥，不断打电话给你，直到你愿意接收礼物为止。

◎ 凡是你想控制的，最终都控制了你

凡是你想控制的，最终都控制了你。道理很简单，当你凝视深渊的时候，深渊也在凝视你；作用力越大，反作用力也就越大。所以，我建议你做以下三件事，让你的情绪越来越好，人生充满更多可能性。

第一，不要控制你的情绪。

比如，当你愤怒的时候，千万不要控制你的愤怒，因为你越想控制愤怒，愤怒的情绪反而会愈演愈烈。就像失眠的时候，你越是执着于必须入睡，你反而可能更睡不着。但如果你接纳失眠，告诉自己失眠是正常的，没什么大不了，你反而就可能睡着了。

恐惧、悲伤、内疚、委屈等情绪也是一样的，当它们来临时，告诉自己：有情绪是可以的，这是正常的反应。看见它，接纳它，疗愈自然就发生了。

第二，不要试图控制他人。

我们应当放弃自己的控制欲，就算对方是最亲的人，比如孩子，也不例外。因为当你想控制对方的时候，对方已经在控制你了。

这种现象在父母与孩子的互动中很明显。比如父母想控制孩子做作业，孩子一看，原来自己做不做作业这事令父母如此紧张，于是他们便可能借此提条件了："你给我买某某东西，我就去做作业。"你看，究竟谁在控制谁呢？

第三，要学会包容和接纳。

既然不能控制情绪和他人，那该怎么办呢？要学会包容和接纳。给情绪一个空间，情绪就不会干扰你了；同样，给孩子一个空间，孩子自然学会对自己的事情负责。

你之所以想控制，是因为你的心量太小，当你的心量足够大时，自然容得下更多的人、事、物。

允许情绪的存在，允许孩子有自己的空间，尊重他人与自己的差异，认识到每个人的观点都有其合理性……当你能做到越来越多地允许时，你会发现，你的人生也越来越美好了。

◎ 要表达愤怒，而不是带着愤怒去表达

经常有学员惊奇地问我："团长，你都学了20多年心理学了，怎么还会愤怒呢？"好像学过心理学的人就不应该愤怒一样。

其实，这是对心理学的一个常见的误会。如果有某种"心理学"，学了后就不会愤怒了，那我劝你千万不要学，因为，那不会带来成长，还会导致变态！一个正常的人是会愤怒的。

学过心理学和没学过心理学的人，都会愤怒。所不同的，是应对愤怒的方式不一样。

愤怒非常复杂，是一种组合情绪。心理学认为，愤怒是次要情绪。什么叫次要情绪？简单来说，它是情绪的表面呈现，在愤怒背后，更多的是无助、是恐惧、是脆弱。当你感到无力时，才需要愤怒来保护你。

当你遇到一些事情，不是按照你预先设想的那样发展，也就是现实发生的事情，跟你大脑中认为的"应该"不一致，而你又

无力改变时，你的内心就会涌起一种难以言喻的难受之感，那是一种深深的无力感。人们通常是不愿意体会这种难受之感的，因为它会让你不舒服，于是你就会向外找一个"责任人"，将你内心的难受归咎于他。这样一来，你就会舒服一点，这时你表现出来的情绪就是愤怒。

生活中这种场景很常见。比如，事情不顺时，有人会大声指责同伴："都是因为你，这事情搞砸了，都赖你！"在这种情况下，人们以一种攻击他人的方式，将愤怒向外发泄。这样一来，那种深深的无力感与无奈似乎也被暂时抛到脑后，这就是愤怒产生的一个原因。

愤怒有它的好处。当有人要侵犯你的地盘，越过你设定的界限时，愤怒可以让你保护自己，帮你守护你的原则，让你有说"不"的勇气。这种愤怒往大了说，可以激励人们保家卫国；往小了说，可以维护个人的边界。如果没有愤怒这种情绪，我们的边界就会被别人侵犯。

当然，如果缺乏觉察的引导，我们也很容易被愤怒操控。一被愤怒冲昏头脑，我们就会伤害身边的人，因为我们会急于找一个"责任人"替我们承担内心的难受。

面对愤怒，如果把它压抑下来，我们自己就会受伤。愤怒的底层逻辑是一种自我指责，这种负面情绪会攻击我们的身体，所以一个不懂得排解愤怒的人，可能会生病、抑郁，严重时甚至会诱发严重的疾病，比如癌症。

当你感到愤怒时，向外发泄会伤害身边的人；将之压抑在心底又会伤害自己，那该怎么办呢？

心理学提供了一个解决方案——排解愤怒*最好的方式是表达愤怒，而不是带着愤怒去表达*。这两者有什么不同呢？有很大的区别！要明白这一点，让我们从沟通三元素说起。

人与人之间的沟通，主要有三个元素：语言内容、语音声调以及肢体语言。

用语言把情绪说出来，叫作"表达情绪"，比如"我很生气""我很悲伤""我很委屈"……如果我们不把情绪说出来，情绪就会通过声调、肢体语言表达出来，这叫"带着情绪表达"，比如，当一个人感到愤怒时，如果不说出来，说话的声音就会很大，会用手指对方，拍桌子，甚至会动手打人……这是一种会给他人造成伤害的表达方式。

愤怒是一种最容易伤害他人的情绪，当我们感到愤怒时，最好通过语言说出来："此刻我感到很愤怒！"如果我们能够把愤怒说出来，就不会带着愤怒做出一些伤害他人的事。

带着情绪表达，我们会把人推开；而表达情绪，我们会把人拉近。

所以，学过心理学的人和没过学心理学的人都会愤怒，但他们应对愤怒的方式不一样。

◎ 很多人都误解了情绪稳定

很多人都误解了情绪稳定，以为情绪稳定就是没什么情绪，也就是俗话说的"喜怒不形于色"。这是个很大的误会，这根本就不是情绪稳定，而是对情绪的压抑。

这是一种病，在心理学叫述情障碍。

真正的情绪稳定是什么呢？在本书开篇《一张图让你了解人性》中，团长为大家分享过美国家庭治疗师萨提亚的"冰山原理"。萨提亚认为，人在面对压力时，有四种常见的应对姿态：指责、讨好、超理智和打岔。然而，这四种应对姿态都不是真正的情绪稳定，因为采用指责姿态的人往往会将情绪发泄到他人身上，采取讨好姿态的人倾向于压抑自己的情绪来迎合他人，处于超理智姿态的人会屏蔽自己的情绪，而运用打岔姿态的人则是通过搞笑、转移话题等方式来隐藏自己的真实情绪。

真正的情绪稳定是第五种应对姿态，萨提亚把它叫作"一致性"。一致性就是表里一致，这是一种很高的状态。团长认为，如果能真正做到表里一致，用儒家的话说就是圣，用道家的话说就是仙，用佛家的话说就是佛。

鉴于达到完全的表里一致难度颇高，萨提亚将其分成三个层次，让我们可以一步步走向那个理想的境界。

现有水平下的表里一致

这一层次是指在现有水平下，承认并接纳自己的情绪，同时承认并接纳别人的情绪。当有情绪时，敢于表达情绪，而不是带着情绪表达，并愿意坦诚地与对方寻找解决方案。关于这一点，上一节已经讲清楚了。

以愤怒为例，如果你能做到这个层次的表里一致，你可以直接跟对方说："我现在很生气。"接着坦诚地与对方协商，寻求解决方案："所以，我现在这种状态无法与你沟通，我怕我的愤怒伤害到你，请给我点时间，让我冷静下来，我们再谈可以吗？"如果你能这样做，就是做到了现有水平下的表里一致。因为这既充分考虑到了自己的感受，也照顾到了对方的感受，同时，还符合当时的情境。

不少人错误地理解了表里一致，认为表里一致就是随心所欲，愤怒就可以骂人，甚至打人。这不是表里一致，这仅仅是低情商的表现。

成长的表里一致

这一层次是指，提升自己，与内在的自我保持和谐。通过提升自我价值，敏锐觉察并放下对他人不切实际的期待，学会尊重并接纳多元观点，这时的表里一致表现出来的情绪就是平和、坦然的。

萨提亚认为，等你成长了，就会有如下几个表现。

第一，内在变得更和谐，内心的冲突越来越少，身心一致，做事不再犹豫不决。

第二，自我价值提升，不再在意他人的评价，对自己更有信心，做事更加淡定从容、信心十足。

第三，觉察力提高，能够认识到自己对他人的评价往往源自自身内心的投射，不再抱怨他人以及环境，开始拿回人生的主导权。

第四，思想维度得到拓展，能接纳与自己不同甚至相反的观点，能意识到立场不同并无绝对对错，不再执着于与人对抗和争执。

总的来说，你的情绪波动会越来越少，不会再动不动就愤怒，而是会开始变得平和、淡定、从容，就像波澜不惊的大海，无论外界如何变化，内心始终保持平静。

第一个层次与第二个层次的不同在于：在第一个层次，由于自身水平不够，情绪容易产生较大起伏，但你能够承认它，并秉持"我好、你好、大家好"的基本原则应对它；而到了第二个层次，你已经成长了，不再需要刻意调整心态就能自然地与外界和谐共处。

在第一个层次，你就像一棵小树苗，一点点风就能把你吹得东歪西倒，但你无须与风对抗，风来侧侧身，风去再直起腰杆即可。到了第二个层次，你已长成了参天大树，即使遭遇风吹雨打，也依然能屹立不动。

灵性层面的表里一致

这一层次不太容易表达，团长试着用自己的体验跟大家分享。

灵性层面的表里一致，是一种臻于"天人合一"的至高境界，分别心彻底消弭，也就是佛家说的"不二境界"。在此境界中，众生一体，不再存在你、我与情境的区别，时空概念也同时消失。

我猜大多数人都曾瞥见过这个境界，人本心理学家马斯洛把它称为"高峰体验"。当然，团长离这个境界尚远，所以无法为你讲述更多。就算有人到达了这个境界，恐怕也无法用言语为你诠释，因为这是一个不可言说的境界，只能靠你自己亲身去体验。

表里一致才是真正的情绪稳定，就算我们暂时无法达到灵性层次的表里一致，至少可以从现有水平的表里一致开始做起。

◎ 停止内耗，摆脱坏情绪

坏情绪不仅会让你产生内耗，严重时还可能要了你的命！给你讲个真实的故事：

> 中世纪阿拉伯学者阿维森纳曾把一胎所生的两只羊分别放在不同的环境中生活。一只羊散养在草原上，每天可以自由快乐地奔跑；另一只则被拴在一个木桩旁，在它旁边还拴了一只狼，但狼并不能吃到羊。一段时间以后，自由的那只羊长得非常健康，而被拴着的那只羊却死了。它不是被狼吃掉的，而是因为每天面对凶恶的狼，心里非常恐惧和焦虑，根本无心进食，最后因过度焦虑而死去。

阿维森纳的这个实验让我们看到了坏情绪造成的可怕后果。动物如此，人也一样。如果长期处于情绪内耗中，便会伤害我们的健康。据统计，目前与情绪有关的疾病已达200多种，小到感冒，大到癌症，都与情绪有着密不可分的关系。

情绪内耗对我们的伤害如此之大。那该如何远离情绪内耗呢？心理学研究发现，恐惧是所有坏情绪的根源。恐惧不仅会带来焦虑，愤怒、嫉妒、冷漠、委屈等也都与恐惧有关。少一分恐惧，就会多一分平和，多一分力量，多一分健康。

那如何减少乃至消除恐惧呢？答案是穿越恐惧。

大多数恐惧都是我们自己想象出来的，就像那只被吓死的羊一样，狼根本无法伤到羊，它却被自己吓死了。

人也一样，大多数你担心的事情并不会发生，但如果你不懂得排解心中的恐惧，你所担心的事情就会在你的大脑中发生。

在大脑中发生的恐怖事件与现实中发生的恐怖事件是一样致命的。那如何才能穿越心中的恐惧呢？你不妨找个安静的地方，静下心来，问问自己如下几个问题：

> 最坏的结果是什么？
> 最坏结果发生的可能性是多少？
> 我现在可以做点什么来避免事情往坏的方向发展？
> 如果真的发生了，我该如何应对？

问完这几个问题后，你便会长舒一口气，因为你会发现，最坏的结果也就那样，就算真的发生，也没什么大不了的。何况最坏结果发生的概率几乎为零！

你最担心的事情是什么呢？当你把担心的事情写下来时，你内心的恐惧也会随之减少。

◎ 废话越多的人越快乐

如今社会发展越来越快，很多时候我们都在追求高效沟通。同事只谈工作，上司只谈业绩，甚至父母和孩子的交流也只剩下：你月考成绩怎么样，你作业做完了没……

讲废话的人越来越少了，但这样真的好吗？

有心理学家做过统计：当一个人说的话超过90%是"废话"时，他会更有快乐感；而当"废话"占比低于50%时，其快乐感便会明显不足。

"废话"多的人，其实往往更快乐，他们通常更积极主动，也更具亲和力，能迅速拉近与他人的距离。其实任何亲密关系的维系，都离不开"废话"。无论是朋友、伴侣，还是亲子之间，多唠唠嗑，哪怕只是说一些鸡毛蒜皮的小事，比如今天吃了什么、遇见了什么有趣的事、看到了什么风景等，都会为关系注入活力。

比起沉默寡言，看似无意义的"讲废话"并不是在浪费时间，它能让彼此敞开心扉。通过这些"废话"，你也会产生被对方牵挂的感觉，让关系更有爱与温度。

对社牛来说，讲废话并不是问题；但对社恐来说，如何通过废话与人交流，并不是一件容易的事。那如何讲废话呢？

美国家庭治疗师萨提亚发现，两个人的聊天内容跟他们的亲密关系有关。两个本来陌生的人结合成为夫妻，一般会经历以下几个阶段：谈天气，谈观点，谈感受，展露脆弱，实现心与心的联结。

相反，那些不幸的婚姻都是朝相反的方向发展。当两个人不再分享彼此的感受，开始只谈论观点时，这段亲密关系也就渐行渐远了。到了观点也不谈，只谈天气时，也就意味着这段婚姻已经走到了尽头。

从陌生到亲密，从亲密到陌生，这段过程可以用下图表示：

结婚　　　　　离婚

连接

谈天气　谈观点　谈感受　　谈感受　谈观点　谈天气

所以，如果你不知道如何说"废话"，不妨先从谈谈天气开始，然后分享一下自己对某些事情的观点。当你愿意分享自己的感受时，你会发现，你和对方的关系已经相当亲密了。

◎ 缓解焦虑的方法

眼下AI技术的加速发展、不同价值观的冲突加剧，使得未来的不确定性大大增强。面对不确定的未来，我们难免会感到焦虑。

你是否常常有这样一种感受：不由自主地为未来感到担忧？虽然明知道大可不必，但就是没办法控制，总是被焦虑困扰，该怎么办？

要应对焦虑这种情绪，首先要了解它。要了解焦虑，要先从了解恐惧开始。有人经常会混淆焦虑和恐惧，其实，这是两种不同的情绪。

恐惧，是指人们面临某种危险情境时，所产生的一种企图摆脱而又无能为力的担惊受怕的情绪体验。恐惧就是我们日常所说的"害怕"。其实，人人都会恐惧，真正的勇敢并不是不害怕，而是一边害怕，一边行动。那些感觉不到恐惧的人其实是病人。

焦虑，是对未来可能出现的潜在挑战或威胁所做出的情绪反应，是基于对未来可能会发生危险而在当下所产生的情绪状态。

恐惧跟焦虑的最大区别在于，恐惧是关于当下的，焦虑是关于未来的。当危险源消失时，恐惧会消失，但焦虑不会。比如，你看见蛇时你会恐惧，因为蛇可能会伤害你。但等蛇走后，你的恐惧就会消失，但焦虑不会，因为你会担心日后蛇可能再次出现。

轻度的焦虑对我们有好处，它能在一定程度上激发身体的潜能，使我们以更积极的状态去应对即将来临的事情。轻度的焦虑能助力我们把事情做得更好，过度的焦虑则会对我们的身体造成伤害。恐惧没有问题，焦虑才是问题，过度的焦虑会消耗我们的能量。

如何应对过度的焦虑呢？有两个方法。

第一，穿越恐惧。

恐惧是所有情绪的底层情绪，比如愤怒，表面上是激烈的情绪表达，但其背后隐藏的可能是对某种情境或结果的恐惧；嫉妒也是如此，人们之所以嫉妒他人，可能是源于内心对自身不足的恐惧。而焦虑，本质上就是对未来不确定性的恐惧。

穿越恐惧的方法我们在"停止内耗，摆脱坏情绪"一节已经讲过。你穿越恐惧后，会发现很多的没必要的焦虑也会随之减轻。

第二，当下行动。

心理学中有一个"球场效应理论"。心理学家在研究中发现，在球场上，候补队员往往是最焦虑的，观众也常常会感到焦虑，因为他们都只能看着比赛的进行，却不能够做任何事情，他们无力改变比赛的结果。候补队员一旦上场，焦虑马上就会消失。

应对焦虑最简单的方法就是立即付诸行动。如果我们在当下就采取一些切实可行的措施，去降低未来可能出现的风险，焦虑就会消失。

所以，把你的焦点锁定在当下，问问自己：现在可以做点什么来避免未来可能发生的危险？

只要你能找到一点可做的事情，哪怕是多读一本书，或者学点能谋生的技术，你就已活在当下，从而不会再焦虑了。

当然，焦虑是不可避免的，人生起起伏伏，总有不如意的时候。焦虑不是问题，如何应对焦虑才是问题。

送给大家三句话：

第一，接纳焦虑。察觉到自己的焦虑时，不要对抗，接纳它，因为你越对抗，越焦虑。

第二，活在当下。在焦虑的时候，找点事做，只要有事可做，就能活在当下。

第三，拥抱变化。变化未必是坏事，也许会越变越好，谁知道呢？

关系变得紧张，可能只是因为"目中无人"。当我们把焦点放在事情上时，就容易忽略人，看不见人的情感、人的需求。人与人之间，只有在自己的价值被对方看到时，才会产生联结，关系才会变得更亲密。只有目中有人，事情才会好办，因为事在人为。

PART
2

看见他人，
从关系中解脱

第六章

那些简单又复杂的关系

谁在操控你的选择

◉ 情商没你想的那么简单

与建立良好关系密切相关的能力是情商。

哈佛心理学博士丹尼尔·戈尔曼出版了《情商：为什么情商比智商更重要》一书后，越来越多的人都说情商比智商更重要。不少人以为情商就是会说话，脾气好，其实情商没你想象中的这么简单。

那到底什么是情商呢？情商是与智商相对应的概念，指人在情绪方面的能力，情商由自我觉察、自我控制、自我激励、共情和人际关系这五个方面组成。

情商的第一种能力叫"自我觉察"

自我觉察是一种感知自身情绪的能力，它本来是人类的本能，可为什么有的人这方面的能力会减弱甚至没有呢？

大致有如下三个原因：

第一，经历了一些非常痛苦的创伤性事件，潜意识为了避免你感受这些痛苦，干脆选择关闭对情绪的感知能力。也就是说，以前的感受太不好了，干脆就不感受了。

第二，后天错误的教育导致有些人认为某些情绪是不好的，于是慢慢学会了压抑这些情绪。

第三，被大脑中的执念掌控，就是俗称的"上头"。有些人道理懂得越多，感知能力越低。

那如何才能提高自我觉察能力呢？有三个方法：

第一，疗愈过去的创伤。

第二，允许情绪流露。

第三，懂了道理后还要多体验，不能让知识停留在大脑中，要让知识在生活中用起来。

情商的第二种能力叫"自我控制"

大多数人对"自我控制"有误解，认为某些情绪是不好的，比如愤怒、悲伤等，一旦这些负面情绪出现，就压抑它们，结果就是失去感知情绪的能力，情商更低了。以开车做个比喻，你要控制车，必须了解车的性能以及使用方法，这样你就能做到人车合一。你是车的主人，而不是与车对抗。

情绪也是一样的，当你能够感知情绪、看见情绪、了解情绪时，你就能成为情绪的主人。这时，情绪就能为你所用。如何才能做到这一点呢？你可以把情绪当成你的"内在小孩"，这样你就能够看见它们，成为它们的主人，与它们和谐共处，让它们成为你的资源。

情商的第三种能力叫"自我激励"

自我激励并不是成功学那种打鸡血式的口号，而是一种生生不息的向上生长的能力。就像一棵树，当被挡住阳光时，它会调整自己，扎根于大地，自然地向阳光充分的方向生长。一个健康的人天生就拥有这种能力。

那为什么有人会失去这种能力呢？一个人在成长过程中，特别是人生的早期，如果遭遇身边的重要他人不断否定，就会内化出一种过低的自我评价。进而，他就会产生自我否定的心理。一个不断自我否定的人是无法自我激励的。那如何才能提升自我激励的能力呢？可以通过不断地自我肯定来实现这一点，每天欣赏自己做得好的地方，多给自己好评。你内心的价值感慢慢建立后，你自然会像一棵健康的树一样，生生不息。

情商的第四种能力叫"共情"

共情是一种感受他人情绪的能力。这也是一种人类天生就有的能力，但有些人因为创伤性事件或者错误教育等，会在成长过程中在自己周围砌起一堵无形的高墙，慢慢丧失感受他人情绪的能力。他们之所以会这样，就是因为安全感不足。

所以，要恢复这种能力很简单，可以通过学习心理学或者借助心理咨询疗愈自己的创伤，提升安全感，拆掉那些不必要的高墙，敞开自己，唤醒慈悲之心。这样，你不仅能感受他人的情绪，还能与世界更好地联结，生活也会变得更加开心快乐。

情商的第五种能力叫"人际关系"

人际关系是前面四种能力的外在呈现。如果你前面四种能力足够，你的人际关系自然会好。

如果你想改善人际关系，可以运用如下三个实用的心理学技术：

第一，位置感知法。你所处的位置会影响你的感受，所以，多从别人的角度感受对方的情绪，有助于减少冲突，改善关系。注意，不是换位思考，而是换位感受。

第二，平等地分享你的观点。有些人总喜欢高高在上地教育别人，可大多数人一般不喜欢那些居高临下的人。所以，请平等地分享你的观点，而不是高高在上地告诉别人应该怎么做。

第三，与对方沟通而不是操控对方。强迫对方接受自己的观点，这叫操控。保持开放，尊重对方的观点，不强求对方接受自己的观点，做到"君子和而不同"，这才是沟通。

很多人都喜欢站在自己的立场高高在上地操控别人，因此在人际关系方面处处碰壁。只要你愿意从对方的角度感受对方的情绪，平等地与对方沟通，你自然会广受欢迎。

◎ 什么样的人是你的贵人？

一个人的成功，除了自身的努力外，还需要有贵人相助。贵人在哪里？很多时候，贵人就在你身边，可惜很多时候你并不知道。

有时候，天使会用魔鬼的面目到来，魔鬼也会伪装成天使的脸孔出现。也就是说，贵人有时候看起来像小人，小人有时候也会伪装成贵人。我们如何才能分辨出来呢？

团长为你提供一个简单的分辨方法：那些能增加你选择的，就是你的贵人。那些让你的选择减少，甚至剥夺你的选择，只给你一种选择的人，不管他们带着多么友善的面孔，看起来多么善良，你都要小心，这样的人很可能就是小人，就是魔鬼。

为什么这样说呢？心理学研究发现，神经症患者通常有两个共同的特点：自我被剥夺，人际关系被切断。

所谓"自我被剥夺"，就是剥夺了一个人的自主选择权。一个只有一种选择的人，他的人生是僵化的，僵化的思想是诱发精神病的重要原因。

一种选择等于没有选择，两种选择会让你左右为难，三种选择才是选择的开始！

思想自由才能带来人生自由。因此，贵人，并不是那些给你物质、财富的人，而是那些能够帮你打破思想牢笼，拓宽你思想维度，增加你人生选择的人。

请远离那些给你标准答案的人，他们会限制你的思考；多跟贵人在一起，因为，他们会助力你，让你走向更广阔的世界。

◎ 你不是在沟通，你只是在操控

什么是沟通？沟通是人与人之间、人与群体之间进行思想与感情传递，并实现反馈的过程，其目的在于促使思想达成一致，同时确保感情交流的通畅无阻。

从这个定义可以看出，真正的沟通包含这两个重要元素：感受和思想。

绝大多数沟通都忽略了其中一个重要元素——感受。忽略感受的思想交流往往会变成操控，因为每个人都想证明自己是对的。

为什么我们会觉得某个人很难沟通？因为你根本不是在沟通，只是打着沟通的旗号操控对方而已！操控，就是带着自己的目标，然后想尽一切办法，让对方按照自己的意愿行事，仿佛对方就是一个提线木偶，而你就是那个木偶的操控者。

无法沟通，往往是因为你开启了否定对方的模式。当你把焦点放在对方做得不够的地方时，你是无形中把对方放在了"错"

的位置，这自然会触发对方的防御机制，对方的心门也就因此而关闭了。一个人的心门都关闭了，你要如何与他沟通？

好的沟通要包含以下几个步骤：

第一，觉察到并接纳对方的感受；

第二，表达自己的感受；

第三，听到对方的观点，从对方的观点中发现对方的深层需求，尽自己的能力满足对方的需求；

第四，表达自己的观点与需求，邀请对方在可能的情况下满足自己的需求；

第五，在双方都表明需求的前提下，寻求双方可以达成一致的地方。

你知道吗，因为人是群居动物，所以，在人类的基因中，其实内置了沟通的"程序"，人人都拥有沟通的能力。

可是为什么很多人长大后不会沟通，不敢表达？因为在小的时候，他们曾经被打击，被否定，身边的重要他人像黑洞一样，吸干了他们的能量，摧毁了他们的自信心，在他们的大脑中种下了一种病毒一样的信念："我不行！我不够好！"这种病毒性信念把他们本有的沟通能力束缚住了，让他们误以为自己不会说话。

如何才能重拾沟通技能？下面分享两个方法。

第一，靠近发光体，远离黑洞。

你之所以不敢说话，是因为过去你身边的重要他人一直在否定你，让你产生了习得性无助的心理。打破这种习得性无助最有效的方法是，一点一点地建立自信心。以前你还小，没有选择；如今你有选择了，你可以选择远离那些贬低你、否定你的人，主动接触那些能够肯定你、欣赏你的人。后者就像小太阳一样，会慢慢融化你心中的坚冰，让你内在原本就具备的沟通能力重新焕发光彩。

第二，集中精力，让自己成为某个领域的专家。

自信源于你在某个领域有过人之处。要让自己成为某个领域的专家，可以向针学习。针之所以拥有穿透力，并不是它有多强大，而是它足够尖。当你能够像针一样把精力用在一个领域时，假以时日，你一定就是这方面的专家。在你熟悉的领域，你自然可以侃侃而谈。

◎ 那些"为你好"的人真的是为你好吗?

看电影《丹尼·科林斯》时,我被一个场景深深打动了。

丹尼·科林斯是一名摇滚歌手,年轻时放荡不羁,犯下了很多错误,因此,他的儿子不肯接纳这样一位父亲。他的经纪人为了化解他们父子间的矛盾,跟他儿子讲述了自己与丹尼·科林斯合作40多年的故事。原来,经纪人曾经是个酒鬼,为了让他戒酒,丹尼·科林斯每周给他寄两箱矿泉水,40多年来没有间断过。所以,经纪人对他儿子说:"你父亲虽然做了很多错事,但他是个好人。"

这是一个让人感动的"为你好"的故事。可是,另一个"为你好"的故事就没那么好了。

我曾经处理过这样一个个案,案主是一位女士,因为婚姻问题来找我。她本来是一位富家女,可她下嫁的丈夫却一事无成，不仅一事无成，还酗酒、赌博，甚至家暴。我问她当年为什么会选择这样的丈夫？她说当年年轻不懂事，她的父母给她安排了一门婚事，她为了反抗父母的安排，所以一气之下离家出走了。后来，她遇到了现在的老公，糊里糊涂地结了婚，酿成了今天的苦果。

同样是"为你好"，上面两个故事的结果为什么差别那么大呢？

你身边是否有人打着"为你好"的名义，擅自安排你的生活，导演你的人生？他们以为这样是"为你好"，其实，他们只是想让自己有更多掌控感和确定感，以此让自己感觉更安全而已。可惜的是，这种控制恰恰是失控的开始，因为当一个人试图去控制另一个人时，很容易激发对方的反抗心理。第二个故事的苦果就是这种"为你好"造成的。

不过，第一个故事的"为你好"为什么那么让人感动呢？因为真正为你好的人有边界感，懂得尊重你的选择。人与人之间，需要有边界感。

在寒冷的冬季，两只刺猬想抱团取暖，但两只刺猬抱在一起就会被对方刺得伤痕累累。为了不再伤害对方，他们尝试了许多次，终于找到了一个合适的距离，不仅能够互相取暖，还保护了对方。

作家邦达列夫曾说，人类一切痛苦的根源，都源于缺乏边界感。

比如，父母打着"为你好"的名义，对孩子进行过度的控制；伴侣或者朋友间说话没分寸，过度地干涉他人的私事。在这些人看来，对方和自己关系这么亲密，便可以毫无顾忌，但结果只会导致关系破裂。

最好的关系不是不分你我，而是亲而有间，密而有疏。有界限感的关系，才能走得长久。

所以，当你说"为你好"的时候，请你思索一下，你真的是为了对方好，还是只为了满足自己的掌控感？如果你真的是为了对方好，请你保持边界感，尊重对方的选择，只有这样，才是真的"为你好"。

◎ 不要把自己的感受强加于人

你的感受只属于你自己，千万不要把自己的感受强加于人。心理学研究发现，没有所谓"客观经验"，所有的感官体验，都是个人的主观感受。

视觉上，今天人们以瘦为美，但古代四大美人之一的杨贵妃却是个胖女人；你认为美的东西，有些人可能认为俗气；你认为奇丑无比的东西，有些人可能认为是艺术品……

听觉上，让你沉醉其中的治愈系轻音乐，可能会让有些人昏昏欲睡；令你激情澎湃的摇滚乐，可能是有些人耳朵里的噪声；那些让你堕入爱河的喃喃细语，可能会令有些人浑身起鸡皮疙瘩……

触觉上，那些你不惜重金享受的高端SPA，也许会让有些人浑身不自在；那些让你放松身心的泰式按摩，有些人可能会感到痛不欲生……

嗅觉上，有人觉得榴梿是香的，但也有人闻一下榴梿都想吐；有人觉得臭豆腐奇臭无比，但也有人觉得臭豆腐是世间美味……

味觉上，有人喜欢吃辣，但也有人完全受不了辣的刺激；有人喜欢酸汤鱼的酸爽，但也有人嫌其酸臭；有人对茅台酒喜欢得不得了，但也有人认为茅台酒辛辣呛喉……

所以，你会发现，榴梿到底是香的还是臭的，胖是美的还是丑的，辣带来的是爽还是无法忍受，并没有客观正确的结论，都是个人的主观感受。没有真实的世界，只有感观塑造出来的世界。

世界具有多面性，人也一样。我们都会犯这样的错误：自己喜欢的事，就理所当然地认为别人也喜欢；自己讨厌的事，就理所当然地认为别人也会厌弃。但是，每个人都是独立的个体，强求别人跟自己一样，只会让亲子之间矛盾频发、朋友关系走向破裂、夫妻情感逐渐疏离，甚至让团队成员丧失工作热情。

如果你能看清这一点，你就再也不会因为别人跟你不一样而生气了。

◎ 你还在坚持"对事不对人"吗？

"对事不对人"是我在过往的人生中犯过的最大错误。

传统教育告诉我们"要对事不对人"，但是，当我们对事不对人的时候，问题就来了：事情本身有对错，当出现对错的时候，我们就会有争论，这种情况下，到底谁对谁错？没有人愿意承认自己是错的。因此，人际关系就会出现很大的问题。每个人的立场不一样，观点和看问题的角度也不一样，当双方因为对错而对立时，就很难建立和谐的合作，人际关系就会变得糟糕。

这是"对事不对人"造成的后果。

自从学了心理学后，我获得了人生中重要的认知转变——开始从"对事"转变为"对人"。我认为，事情有对错，但人是不会错的。就算人做的事错了，他的动机也是不会错的。

你是不是觉得团长这个观点不可思议？

举一个很简单的例子，孩子之间发生冲突，动手打架这个行为是不对的，但孩子为什么会打架呢？他也许是为了保护自己，也许是为了保护朋友，或者仅仅是发泄自己对某件事的不满，这就是孩子动手打架的常见动机。你能说这样的动机有错吗？显然不能。所以人的动机不会有错，但是人的行为有对错之分。

如果我们只"对事"，去指责孩子打架的行为，那么我们就跟孩子对立起来了，把他摆在了"错"的位置上。如此一来，孩子便更加不愿意改变，甚至会固执地在动辄就动手伤人的路上越走越远。所以对事不对人，会把人推远。

那什么是"对人不对事"呢？首先，要看到孩子这个人。孩子会打架，说明他至少具备如下几个特质：

第一，他身体好，有力量，没力量的人打不了架；

第二，他有勇气，没勇气的人不敢打架；

第三，他敢于维护自己的立场……

如果你能看到这三点，你就看到孩子这个人了。这时，如果你想帮他，你可以对他说："宝贝，我知道你很勇敢，敢于维护自己的立场，不过，打架会导致两败俱伤，对双方都不好。为什么不试着和对方沟通协商，以化解你们之间的矛盾呢？大家都受伤不算本事，能找到和平的方式解决问题，让双方都受益那才叫本事！"

这时，孩子很可能就愿意被你改变，因为你没有把他放在错的位置上，你看到了他生而为人的特质。所以"对人不对事"，只有先看到人，才能改变一个人所做的事。

对事不对人，很容易把对方摆在错的位置上，把对方推远，树立更多的敌人。先对人再对事，就能把人拉近，拥有更多的朋友。我妈妈从小就告诉我：多个敌人多座山，多个朋友多条路。

在婚姻中也一样，夫妻之间在争吵的时候，双方都会认为自己有道理，对方是在无理取闹。事实是，争吵的双方可能都是对的，可惜的是，两个对的人却无法好好相处。

之所以这样，也是"对事不对人"造成的恶果。只要把焦点放在事上，就一定会只顾自己的道理。每个人都有自己的道理，当双方都坚持自己的道理时，处理事情的效果很可能会适得其反。在婚姻中一味坚持己见，结果可能就是离婚。

这世界上没有两个人是完全一样的，成长环境不同，价值观也不相同。当一个人坚持自己的道理时，就是将自己的一套信念、价值观强行加在别人身上。

所以，要真正处理好遇到的问题，首先要抛弃"证明自己是对的"这个行为，把焦点放到人身上。婚姻的维系需要道理，但感情显然也是不可或缺的。

关系变得紧张，可能只是因为"目中无人"。当我们把焦点放在事情上时，就容易忽略人，看不见人的情感、人的需求。人与人之间，只有在自己的价值被对方看到时，才会产生联结，关系才会变得更亲密。只有目中有人，事情才会好办，因为事在人为。

◎ 你所讨厌的人，可能就是你自己

"你眼中的你不是真实的你，别人眼中的你也未必是真实的你，而你眼中的别人才是真实的你。"

这句话一般人都接受不了："这怎么可能？我是一个充满爱的人，我讨厌的是自私的人，难道我就是自私的人吗？这不可能！"

其实，如果你能接受这句话，你会发现你将不仅能大量减少内耗，还能活得更加圆满。下面，团长用心理学的理论来为大家解读一下这句话。

荣格的阴影理论

荣格将我们内心深处那些不完美、不愿直面的部分称为"阴影"。比如，你认为自私是不好的，你会把自私藏起来；你认为懦弱是不好的，你会把懦弱藏起来；你认为愤怒是不好的，你也会把愤怒藏起来。这些被你藏起来的部分就是你内心的阴影，它们代表了压抑的欲望和绝对不允许自己做的事情。荣格把它们称为"黑暗的势力"，我们不愿意承认它们的存在，但并不代表它们不存在。它们是我们人生的一部分。

如果你长期忽略、否认、抛弃这一部分自己，就会造成严重的内耗，并且这股"黑暗的势力"会在你不注意的时候冒出来。例如，那些一向脾气很好的人，会在最亲的人面前暴跳如雷；那些充满爱的人，在你看不见的时候会非常自私。佛陀说，人本具足，既具足一切美好，也具足一切不好。面对内心的阴影，最好的办法是承认、接纳、拥抱，并且转化它们。

承认并接纳内心的阴影

我是一个充满爱的人，但我也会自私；我是一个勇敢的人，但我也会懦弱；我是一个平和的人，但我也会愤怒。生命的圆满不在于完美无缺，而在于接纳完整的自己。正视内心的阴影，就如同打开地铁里的强光，让暗处的"小偷"无所遁形。所以，当你讨厌一个人时，实际上是在讨厌自己内在的阴影部分。你是一个充满爱的人，这没有错；但你也是一个自私的人，只是你把自私藏在了你的阴影里罢了。承认这一点并不丢人，不仅不丢人，还会让你活得更加圆满。消除内耗，你的爱会更加彻底，你的人生会更加真实。

通过荣格的阴影理论，我们可以更好地理解自己和他人。当我们能够坦然面对内在的阴影，并努力接纳和转化它们时，我们会发现自己变得更加完整和成熟了。每个人都有光明的一面与黑暗的一面，我们只有真正接受这一点，才能找到内心的平衡与和谐。希望你能更好地认识自己，缓和内心的冲突与矛盾，过上更加充实和快乐的生活。

◎ 如何避免被他人恶意伤害？

曾有一名香港名媛被前夫一家残忍杀害，这一事件让人毛骨悚然，引发了人们对恶人的关注。谁也没想到这位身家亿万、气质出众的女孩会遭此噩运。看完这个案例，有网友说："选错伴侣，是真的要命！"

如果我们身边也有这样的人，那实在太危险了。"恶"字如果写在脸上的话并不可怕，可怕的是，你身边就有恶人，而你可能看不出来。

心理学研究发现，内心充满恶意的人通常有如下几个特征，了解这些特征可以帮助我们识别并远离那些可能对我们造成伤害的人。

第一，行为反常，心理变态。当然，这种反常并没有严重到需要进精神病院的程度，但如果一个人的行为与绝大多数人不同，你最好小心一点。这种人的行为往往不合常理，甚至让人感到不安。

第二，自恋。自恋的人最大的特点是认为只有自己才是好的，其他人都有问题。他们极度以自我为中心，认为自己高人一等，对他人的感受和需求漠不关心。

第三，缺乏同理心，无法将他人视为独立的个体。他们冷酷无情，不在乎他人的痛苦和困境。在他们眼中，别人只是自己实现目的的工具，而不是值得尊重的生命。

第四，总是唱反调，并且有很强的攻击性。无论你说什么，他们都会反对并对你进行攻击。就像网络喷子，他们总是在寻找机会挑起争端，试图通过贬低他人来抬高自己。

第五，控制欲非常强，希望所有事情都按照自己的意愿进行。他们认为整个世界都应该围着自己转，只有这样才能感到满足和快乐。如果你不同意他们的观点或做法，他们就会想尽办法让你屈服。

第六，缺乏自我价值。尽管这些人表面上看起来自信满满，但实际上他们的自我价值感非常低。为了掩盖内心的自卑感，他们总是试图证明自己是对的，不惜一切代价维护自己的形象。这种过度的自我保护往往会导致他们在面对批评时反应过激。

如果你身边有这样的人，最好的方法是保持距离。

首先，你要识别危险信号。当你发现一个人表现出上述特征时，就要提高警惕，避免与其发生过多接触。

接着，你要设定界限。如果你不得不与这些人打交道，就尽量设定明确的界限，不要让他们侵入你的私人空间。

最后，你要懂得寻求支持。当遇到难以处理的情况时，不要独自承受压力，可以向朋友、家人或专业人士寻求帮助和支持。

恶人的这六个特征并不是孤立存在的，它们往往交织在一起。了解这些特征不仅可以帮助我们识别潜在的威胁，还能让我们更好地保护自己。记住，识别并远离这些有害的人，是对自己负责的一种表现。

心怀恶意的人就是所谓"恶人"，这样的人有多恐怖？团长再用一个例子为你说明一下。《上空的先知》一书的作者艾伦，特意在前妻家旁边买了一幢别墅，并在花园中建了一个巨大的竖中指铜像，目的就是报复、羞辱前妻。

心怀恶意的人就像炸弹，他们随时会爆炸，不仅伤害自己，还会伤及无辜。

如何才能避免被人恶意伤害呢？

第一，不要点燃别人的怒火。

愤怒是点燃恶意的导火索。我们面对愤怒的人，就不要再拱火，招致对方的恶意，给对方冷静的时间，就能大大降低恶意造成的伤害。

第二，要谦虚、低调，不要露富。

人的身上还保留着兽性，在动物的世界中，要获得相对优势才能有生存的机会。因此，面对身家地位高于自己的人，我们通常会生出一种复杂的情绪：一方面我们想亲近他们，向他们学习，获得他们的庇护；另一方面，内心的恶意又让我们想把对方拉下来，取而代之。所以，一定要谦虚，太过张扬容易招来别人的恶意，不管你拥有多少财富。

当你处于优势时，要让对方知道，这并非全由个人主观意志造就，而是各种机缘巧合汇聚而成的结果。"憎人富贵厌人贫"是人性的一部分，靠实力上位的人更容易让人感到威胁，才华比运气更让人害怕。因此，遇到那些嫉妒你的人时，你最好把自己的成功归因于运气和环境。

第三，尽可能地在阳光下生活。

研究发现，在匿名的网络世界里存在着更多的恶意行为。在黑暗的环境中，做出恶意行为不需要付出代价，不必担心、害怕报复。恶意行为的实施者绝大部分都是孬种。只要让人的行为暴露在阳光下，就能大幅降低恶意行为发生的概率。

第四，远离那些缺乏同理心的人。

一个有同理心的人是不会伤害他人的，因为这样的人伤害动物都会感到难受，何况伤害人。只有那些不把人当人看的人才是危险分子。心理学研究发现，监狱里的重罪犯人，基本上都缺乏同理心。这样的人是危险分子，最好离他们远点。

第五，小心那些不爱自己的人。

恐怖分子与罪犯表面上看是一样的，都是损人不利己的恶人。但对恐怖分子来说，他们并不这样认为，他们认为自己的动机是牺牲自己，帮助别人，产生恶意的前提是愿意牺牲自己的利益。所以，对那些不爱自己，总是牺牲自己成全他人的人，最好小心点，因为他们一旦忍受到了极限，便随时有爆炸的危险。

第六，给人选择的自由。

独立自主是人类的一种基本需求。我们要意识到自己是自身命运的主人，要感觉到自己有绝对的选择权。没有自由意志就没有责任感，没有责任感的人什么事情都干得出来。所以，"做人留一线，日后好相见"是有道理的。无论在什么情况下，我们都别把别人的路堵死，如果对方能屈能伸还好，否则，就可能招致对方"破罐破摔"的恶意。

第七，尊重别人心目中的神圣。

人们为了捍卫自己心中的"神圣价值"，往往会做出超乎理性的事情。自杀式恐怖行为就是典型代表。人们一旦对一件事赋予了神圣的价值，就会不计后果地用行动捍卫它。所以，最好不要否定特殊群体的文化、传统、信仰和价值观，这些对他们来说，很可能是神圣不可侵犯的，一旦冒犯，就有可能导致玉石俱焚的后果。

尊重别人的内心世界，多了解一分人性，就多一分安全。

◎ 化敌为友的说话艺术

大多数人都误以为侃侃而谈才叫会说话，其实真正会说话的人并不仅仅靠语言表达自己的所思所想。

跟你分享三个非语言的说话艺术：第一，把说话的声音放低一点，你的声音就会显得有磁性；第二，把说话的速度放慢一点，你就会显得很有气质；第三，适当地进行停顿，能显示出你的权威。

如果记不住这些方法也没关系，说话其实很简单，只需要把和你交谈的人当成你的老朋友就行。因为在朋友面前，你一定会展现出舒适放松的状态。只要你能放松自己，上述三点就会自然做到。

一个总想在语言上占据优势的人，只会让人讨厌；一个总想在人群中做主角的人，永远当不了主角；一个语气柔和，懂得关心别人感受的人，才是最受欢迎的人。

反过来，如果遇到不会说话的人怎么办？

你一定有过被人指责，甚至被人攻击的经历吧？遇到这些情况时，你会怎么做？委屈、难过，或者反击回去，发起一场争斗？

打得过就打，打不过就跑，这是动物的本能。生而为人，有没有一种更好的应对方法，可以化敌为友呢？

团长为你分享一个心理学的小方法——"智慧语言模式"。

每个行为的背后都有其正面动机，批评、指责也不例外。只要你能看到对方的正面动机，对其正面动机表达欣赏和感谢，然后请求对方帮你提升自己，对方的能力就能为你所用了。

比如，如果有人指责团长的普通话很烂，我可以这样回应："谢谢你这么关心我的发音，你这么做一定是希望我说话变得更好听，既然你这么关心我，是否可以请你帮帮我呢？如果你能把我说得不准的词标上拼音发给我，我的普通话一定会越来越好。谢谢！"

还记得诸葛亮草船借箭的故事吗？曹操那些箭本来是用来攻击诸葛亮的，但诸葛亮却巧妙地把它们变成了自己的武器。箭是死的，人是活的。语言就像箭一样，只要你懂得灵活应对，世间的一切都能为你所用。

多个朋友多条路，多个敌人多座山，会说话的人说到人欢喜，不会说话的人说到人心死。掌握一些说话的艺术，就可以改变你的人生！

第七章

亲密关系：幸福的密码

谁在操控你的选择

◎ 如何才能一次就爱对？

　　如何才能一次就爱对？怎样才能一下就找到自己的真命天子或真命天女？这个问题关乎我们一生的幸福。有句俗话叫"男怕入错行，女怕嫁错郎"，因为男人入错行了，可能会耽误一生；而女人嫁错了老公，则可能会真的一辈子不幸。

　　那么，如何才能一次就爱对呢？我想问一个很简单的问题：你想让你的孩子未来传承伴侣的哪些优良品质？问问这个问题，你大概能找到答案。

　　优良品质并不是嘘寒问暖、端茶倒水这样的表面行为，而是更深层次的东西。网上有个观点非常有意思——能够在动荡中保持情绪稳定，在选择中保持人性的光芒，这才是真正的优良品质。

在动荡中保持情绪稳定

　　从心理学角度来说，要在动荡中保持情绪稳定，必须拥有较高的自我价值感，即对自己的人生要有信心。只有对自己有信心的人，才能在动荡中依然保持稳定和淡定。相反，自我价值感低的人往往经不起风雨，容易在困难面前崩溃。

举个例子，在一个家庭中，如果夫妻双方都能在生活及工作压力中保持情绪稳定，不互相指责，而是共同面对问题，那么他们的婚姻关系就会更加稳固。

在选择中保持人性的光芒

当一个人内心处于匮乏状态时，往往会试图填补内心的空洞，也就是试图满足内心的私利。这样的人很可能会伤害他人，甚至走歪门邪道。而一个内心富足的人，却能够在各种选择中始终坚守良知，由良知来指引自己的行动。这种人不仅能在困境中保持情绪稳定，还能在选择中保持人性的光芒。

例如，在面临职业选择时，内心空洞的人可能会为了高薪不择手段，甚至损害他人的利益；而内心富足的人，会更加慎重地考虑这份工作是否与自己的价值观相契合，是否能够给自己带来成长和满足感的同时，也能为他人和社会带来积极的影响。

一个有良知、经得起风雨考验的人，才是真正值得托付终身的对象。即使他现在穷一点，物质条件差一点，但只要他具备这些品质，就一定是值得依靠的人。

◎ 伴侣之间闹矛盾，谁更需要改变？

在伴侣关系中，矛盾和冲突是不可避免的。然而，当矛盾出现时，很多人会陷入一个误区，认为犯错的一方才需要改变。实际上，很少有人愿意承认自己是错的一方，那怎么办呢？

改变无关对错，谁有能力谁改变

我们要明白一个事实：错误的人往往是没有能力改变现状的。举个例子，如果你开车出行，撞车了，指望你马上改正这个错误并不现实。因为你根本就是开车技术不好，所以你需要的是一个更有经验的司机来帮你解决问题。同样，在伴侣关系中，改变不在于谁对谁错，而在于谁有能力做出改变。

谁想生活变得更好，谁就应该改变

例如，如果一方觉得另一方不够上进，但不够上进的一方却乐在其中，那么要求不够上进的一方改变是不现实的。在这种情况下，真正需要改变的是感到不满的一方。你可以选择接受现状，或者寻找新的生活方式来改善自己的处境。

谁想让生活变得更好，谁就应该主动改变。通过改变自己，你可以掌握生活的主动权，而不是把幸福寄托在另一个人身上。如果你总是期待对方改变，那你就是在把自己的幸福交给一个可能并不具备改变能力的人。这无异于把命运交给一个"笨蛋"。

谁痛苦谁改变

有人可能会误解"谁痛苦谁改变"这句话，认为这是在责备那些感到痛苦的人。其实不然，这是一种对自己负责的态度。生活中，我们常常会遇到这样的情况：一方感到痛苦，另一方却似乎毫不在意。这时候，真正需要改变的是那个感到痛苦的人，而不是犯错的一方。因为犯错的人可能根本没有意识到自己的问题，或者即使意识到了也没有能力改变，而感到痛苦的一方则有更多的动力去寻找解决方案。

举个实际生活中的例子，一对夫妻经常因为家务分配问题发生争吵，妻子觉得自己承担了大部分家务，感到非常委屈；丈夫则认为自己已经尽力分担了。在这种情况下，妻子可以选择继续抱怨，也可以尝试改变自己的态度和做法。比如，她可以和丈夫沟通，制订一个更加公平合理的家务分工计划，或者干脆请一个钟点工来帮忙。通过这些改变，她不仅可以解决问题，还能提升家庭生活质量。伴侣之间的矛盾并不可怕，关键在于如何处理这些矛盾。记住，改变并不是一种妥协或认输，而是一种成长和进步。只有愿意承担责任，主动改变，你才能真正掌握自己的幸福。

◎ 一个人婚姻能否幸福，就看这两点

当今社会，离婚率越来越高，不少人以为，换个结婚对象就会得到幸福。然而，正像那句话说的："不会游泳，换多少个泳池都没有用。"那么，是什么决定了一个人在婚姻中能否幸福呢？在换"泳池"之前，先要提升什么能力呢？

自我价值感高的人，婚姻才有可能幸福

为什么这么说呢？自我价值感低的人往往有一颗"玻璃心"，容易被他人的言语所伤害。他们内心匮乏，总是向外索取，当索取不成时，就会转为指责和攻击。这种行为模式在婚姻中尤为常见，导致夫妻之间的矛盾不断升级。

如果一方自我价值感较低，在婚姻中可能会频繁地感到不满，觉得对方不够关心自己。于是，他们会不断向对方提出要求，甚至指责对方没有尽到责任。然而，这种做法不仅无法解决问题，反而会让双方的关系更加紧张。

相反，自我价值感高的人能够从内心深处感受自己的价值，

不需要通过外界的认可来证明自己。他们懂得付出，而不是一味地索取。只有当双方都能给予对方爱并接受爱时，婚姻才有可能真正幸福。

因此，提升自我价值感是婚姻幸福的重要前提。关于如何提升自我价值，请参阅《你值得过更好的生活吗？》一章。

婚姻中的双方需要具备足够的思想维度和包容性

两个人来自不同的背景，有着不同的生活习惯和思维方式。如果没有足够的包容性，很容易因为小事产生冲突。例如，一方喜欢早睡早起，另一方则是夜猫子；一方喜欢安静的生活，另一方则喜欢热闹。这些差异如果处理不当，都会成为婚姻中的隐患。

思想维度，本质上是我们认知世界、理解他人并与之和谐共处的思维视角。拥有较高思想维度的人，能够在婚姻中展现出更强的包容性和理解力。他们不会因为一时的分歧而大动干戈，而是愿意站在对方的角度思考问题，寻找共同的解决方案。

如何才能提升自己的思想维度？请参阅《世界无限，除非你自我设限》一章。

婚姻是否幸福，并不取决于外在因素，而是取决于夫妻双方的内在状态。提升自我价值感和思想维度，增强包容性，是构建幸福婚姻的关键。只有夫妻双方都能从内心深处感到满足，并且理解和接纳对方，婚姻才能真正成为人生中最美好的一段旅程。

◎ 你压抑的情绪，会在伴侣身上爆发

在生活中，我们经常会看到这样的场景：一对夫妻中，男方脾气很好，从不发脾气；女方动不动就火冒三丈，嗓门很大。旁边的人看了都指责女方脾气差。其实不是女方脾气差，真相是她在帮男方发泄压抑的情绪。

为什么这样说呢？

情绪是一股能量，是不会消失的，一方压抑往往会在另一方身上表现出来。这就是为什么那些看起来脾气很好的人，身边总有脾气暴躁的人。

英国人类学家贝特森认为，心灵并非孤立地存在于人的躯体或大脑中，或者说，它绝不仅仅局限于此，而是广泛地存在于人与人之间的语言交流以及使用语言的特定方式中，并且人在很大程度上是被语言所塑造的。也就是说，不存在所谓"个体"的心灵，人们的"心灵"是相通的，会受到周围人的影响。比如，此刻你看了我的书，我就影响到了你的心灵。个体的心灵之间，是相互影响的。

在亲密关系中，你跟伴侣的情绪是互通的。如下图所示，夫妻一体，情绪是互通的，其中一个人压抑情绪，情绪就会转移到另一个人身上，并爆发出来。

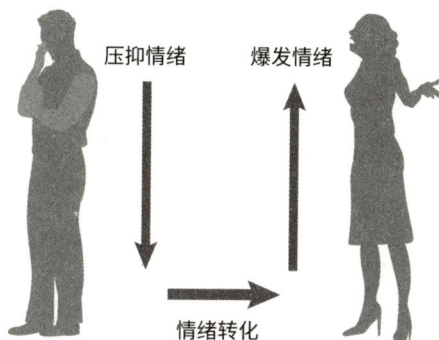

压抑情绪　　爆发情绪

情绪转化

我们来看这样一个场景：

孩子就要放暑假了，妻子对丈夫说："亲爱的，我们陪孩子出去旅行吧。"丈夫听到妻子的话后，有点迟疑，说："哦，不行啊，我有个同学要来广州玩。这是我关系很好的同学，我可能要陪他。"

丈夫并不知道，妻子为了规划这次暑假旅行，已经提前一段时间做攻略，她满怀期待地想着要去哪些地方打卡、吃美食和拍照。突然听到丈夫这么说，她有点失望，转而有些生气，之前做的那些攻略都白费了。

但妻子一直是个脾气很"好"的人，她认为自己不应该发脾气，于是就把生气的情绪压下去了。这时她的语调变得不一样了，她说："哦，那你同学更重要咯。"

这么一个"咯"字造成了麻烦。丈夫一听妻子这么说，一股莫名的愤怒涌上心头，生气地反问道："你什么意思？我同学好不容易来一趟广州，我陪陪同学都不行吗？"

丈夫的声调明显提高了，妻子也很生气，但她又习惯性地把情绪往下压，而压着情绪说话就会让人感觉阴阳怪气的。"我哪敢啊。"妻子一副很委屈的样子说道。于是，妻子压抑的情绪又传递给了丈夫。

丈夫听到这个话，再也忍不住了，一拍桌子，用手指着妻子说道："你什么意思？难道我陪个同学都不行吗？你真是不可理喻！"

妻子还是一副"好"脾气的样子，说道："没有，我没说不行啊，那我只能跟孩子在家咯。"

丈夫听到这里彻底爆炸了，歇斯底里地吼道："你搞什么，我陪下同学都不行？在这里阴阳怪气什么啊！"

在这个场景里，妻子从头到尾脾气都很"好"，相比之下，丈夫脾气很"坏"，一副情绪不稳定的样子。你是不是暗暗在想：这男的脾气怎么这么不好？脾气这么好的女士却嫁给了这么爱发脾气的人，可惜了。

我们真的"冤枉"这个丈夫了。看上去丈夫是在发脾气，但其实他是在替妻子表达情绪。因为妻子习惯性地压抑情绪，而丈夫是表达型的人，他将情绪表达出来了。

妻子可以把自己的情绪直接表达出来："啊，我不知道你的同学要来。那我们就玩不成了，有一点失望。我攻略都做好了，你又去不成。"

　　这个时候，丈夫就会反应过来："对不起啊，同学是临时告诉我的。要不然这样，我先陪同学，咱们的旅行改到8月份，跟孩子一起出去玩几天，不能让你做的攻略白费啊！"

　　妻子如实表达了自己的情绪，丈夫知道了她的客观诉求，两个人可以很顺畅地沟通，而不是带着情绪争吵，这样的相处才是舒服的。

　　记住，情绪的管道是相通的。有人可能会问，如果在婚姻关系里，两个人都不善于表达，都习惯压抑情绪，会怎么样呢？情绪会传递给家里的孩子，这样一来，孩子的内心恐怕要发疯。你们有没有看过这样的情况：夫妻俩脾气很好，但家里的孩子脾气非常暴躁，这是因为孩子在代替父母发泄情绪。

　　如果孩子也学会了压抑情绪，会怎么样呢？我猜他们家中的小狗会疯掉。如果他们家没有小狗呢？那么他们家的碗碟也会碎掉……总之，我们一定要为自己的情绪找到宣泄的出口。情绪是相通的，如果被压抑了，就会在系统最薄弱的地方集中表现出来。

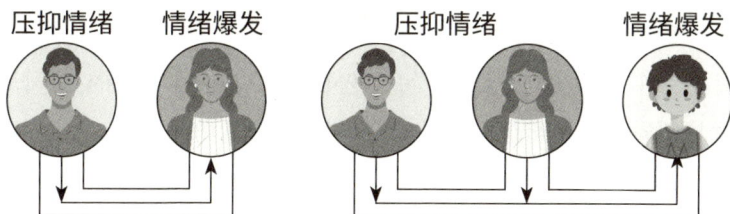

如果父母都习惯压抑情绪，孩子就会变得情绪暴躁

◎ 婚姻中牺牲太多换不来幸福

每一个行为背后，都有一个未被满足的需求。

"牺牲"这种行为背后的需求是什么呢？牺牲其实是为了有所得。"我做的这一切都是为了你"的潜台词是：我为你牺牲了自己的一切，可你却没有给我应得的回报。这种自以为是的牺牲，往往会成为对方生命中不可承受之重。

在婚姻中，有那么一些人，他们是大家口中的"好人"，总是在为别人着想，不惜牺牲自己也要成全别人，到头来却把生活过得一团糟，自己一肚子委屈不说，身边的人也过得不开心。

电视剧《我的前半生》中的罗子君，名牌大学毕业，原本在外企工作，却因为丈夫的一句"我养你"，放弃了自己的工作，选择回家当全职太太。时间久了，整天只知道逛街"买买买"的她，和丈夫的共同语言越来越少，疑心病也越来越严重。在她看来，她为这个家放弃了原本还不错的工作，放弃了自己的圈子，做出了极大的牺牲。可后来，两人的婚姻还是走到了尽头。

为什么牺牲自己没有换来幸福的婚姻呢？

要回答这个问题，我们首先要了解什么是牺牲？"牺牲"原本是指古代祭神用的牲畜。今天，"牺牲"这个词有两个含义：一是指为正义事业献出自己的生命，这样的牺牲是值得尊敬的；二是指为一方利益而舍弃或损害另一方利益。这样的牺牲不仅不值得，并且结果也不好，因为它违反了"你好、我好、大家好"的整体平衡原则，而任何违背这个原则的事情都不可能长久。

我们来看看这样一种常见的现象：有些人总是习惯为别人做出牺牲，并美其名曰"我是为了你好"。然后呢？心理天平倾斜了，他们便明里暗里地向别人发出信号：你必须回报我的牺牲。如果没有得到回报，他们便会时不时提起，让别人感到内疚。这种牺牲让付出者站在道德的制高点，认为自己牺牲了这么多，别人理所应当要给出相应的，甚至多倍的回报。

这种自以为是的牺牲，不但不会让别人感到快乐，往往还会给别人造成巨大的精神压力，压得别人喘不过气来。就像前面例子中的罗子君，脱离社会的她，和丈夫几乎没有共同话题。生活过得一点也不快乐，而她的不快乐，也在潜移默化影响她身边的人。

明白了背后的原理，你认为这种"牺牲"，到底是伟大还是自私呢？

显然，"牺牲"是破坏关系的毒药，只有双方平等，才可能拥有幸福的亲密关系，只有做对双方都有利的事，才是亲密关系的良方。愿你不要成为关系中的"祭品"。

◉ 夫妻之间没有输赢，要么双输，要么双赢

你和伴侣吵架时会希望赢吗？我想你的答案是肯定的，如果不想赢就没必要吵架了。

你想赢，对方也想赢，我们总想赢，总想证明自己才是对的。这种信念，是感情中的一颗地雷。夫妻之间没有所谓输赢，因为任何一方输了，就是你们输了，伴侣之间只有"双输"或者"双赢"。

如果你每次都要争个高低，那对方跟你相处就只会感受到挫败，久而久之，对方就会离开你。你赢了一场争吵，却输掉了一段关系。一段原本很好的亲密关系就这样失去了，就算你吵赢了，又有何意义？

在婚姻中，我们经常和伴侣争吵，而每一次争吵似乎又没有绝对正确或者绝对错误的一方，而我们只是在固执己见。其实在一段关系中，我们需要的是达到想要的效果，而不是向对方证明自己坚持的道理。

有人会说，团长，道理我都懂，那实际生活中，如果夫妻吵架，到底谁先让步呢？谁水平高，谁先让步。

为什么这样说？请听团长跟你讲一个小故事。

美国沃顿商学院有一个谈判专家，有一次下班途中遇到堵车，谈判专家便走到前面想看看发生了什么状况。原来前方正在修路，本来双车道的道路，只剩下一个车道通车。有两辆车在单车道上相会了，谁也不让谁，便堵住车道了。

这种状况很常见，谈判专家观察了一会儿，他发现互不相让的两辆车，一辆是出租车，一辆是普通的私家车。他想了一个方法，只见他敲了敲出租车的车窗，跟司机师傅说："哎，师傅，我观察了一下，路况挺复杂的，技术不高、没点水平的人还真后退不了。你看，相比对面那个车，你肯定是更专业的，我相信只有你有这个水平能往后退一退。所以师傅，能不能帮帮忙，大家肯定都不想堵在这里，但眼下只有你水平高，更能'全身而退'。"

出租车司机听了后，看看左边，看看右边，心想：对哟，这路况这么复杂，看来只有我这种水平的人才能后退得了，于是他就主动把车倒到一边了。好了，一段堵塞的公路重新变得通畅了。

夫妻吵架是不是跟这个例子很像，只不过互不相让的不是两辆车，而是两个人。那互不相让的两个人该谁先让步呢？

谁水平高，谁让步！因为，只有水平高的人，才有能力让步。

如果你还在等待对方让步，对方让步了，你就开心；对方不让步，你就郁闷。这相当于把自己的人生交给对方决定。请问你是主动的还是被动的？一个过着被动人生的人有何水平可言？所以，只有有水平的人才有能力让步。

以后你跟伴侣吵架时谁让步呢？当然是你！不是你又是谁？因为你是个爱看书学习的人，你的水平一定比你的伴侣高！

◎ 别错把需求当成爱

　　你是否曾经有过这样的感觉：一个素昧平生的人，第一眼见到就对他很有"感觉"，之前对他从未了解过，也还没有和他进行过任何互动，甚至还没说上话，就莫名地被他吸引了。

　　这就是传说中的"一见钟情"吧？能遇到自己钟情的对象，该是一种多么美好的感觉啊！可是，你知道吗，大多数一见钟情的婚姻并不幸福！为什么呢？因为一见钟情很可能是婚姻关系中的陷阱，团长把它称为"错把需求当成爱"。

　　什么叫作"错把需求当成爱"？先听团长讲个小故事。

　　有一次我到江门市办事，当地的同学请我到一家恩平菜馆吃饭。点菜时，他点了一道名为"芋苗"的菜。这道菜上来的时候，我相当兴奋。我在米其林餐厅吃上千元一份的牛排，都没有这种兴奋感，为什么一道几十元的小菜会让我感到兴奋呢？难道这盘芋苗有什么特别的秘方？当然不是。

芋苗只是用芋头的苗腌制而成的咸菜。我是阳江人，小时候家里穷，没钱买肉，平时就靠这种廉价的咸菜下饭。这是陪我度过童年的东西，有着妈妈的味道。

我离开家乡生活多年了，很少能吃到这种家常菜。恩平是与阳江相邻的城市，两地有着相近的饮食习惯，所以我有机会尝到童年的味道。这就是一道普通小菜能让我兴奋的原因。

让我兴奋不已的芋苗，对你来说，也许连筷子都不会动一下。就像有些人喜欢折耳根、臭豆腐、纳豆等，而另一些人对此却难以理解一样。芋苗于我而言是童年的味道，是妈妈的味道，也是熟悉的味道。

食物如此，人亦然。你遇到某个人，可能会莫名地感到心动，觉得他就是命中注定的那个人。他不见得有多帅，也不见得多有钱，更不是性格有多好……他之所以会让你心动，只不过正好契合了你内心深处的某种需求而已，就像团长见到芋苗会莫名地感到兴奋一样。这就是"一见钟情"的秘密！

你以为的"一见钟情"，你以为的"爱"，不过是满足了你潜意识里的某种需求而已！就好比，假如你是钉子，你一定会对锤子有感觉，即使另一颗钉子很好，你们也不会走到一起。

托尔斯泰说过："幸福的家庭都是相似的，不幸的家庭有着各自的不幸。"这句话反着说也是对的："不幸的家庭都是相似的，幸福的家庭有着各自的幸福。"

在婚姻中，许多不幸的根源，就是错把需求当成爱！

在这样的婚姻中，你们之所以走到一起，是因为你幻想对方能满足你的需求。对方也许一样，也在幻想你能满足他的需求，于是，两个怀着交换需求心态的人匆匆走进了婚姻。

两个相互需要的人在一起不是很好吗？怎么会不幸呢？很简单，你想想芋苗的案例就明白了，假如团长天天吃芋苗，请问团长会幸福吗？同样，你带着需求找到的伴侣，他可以一时满足你，但不可能永远满足你，他总会有不能满足你的时候。而且，你有你的需求，他有他的需求，两个相互索取的人在一起会怎样？当然是相互指责、相互攻击了。这样的婚姻又怎么会幸福呢？

怎样的婚姻才能幸福？当然是因为爱而结合的婚姻。爱是付出，是你真心希望另一个人好，是需求的反面。如果两个人真的相爱，双方都在付出，都希望对方幸福，这样的婚姻怎能不幸福？

所以，千万别错把需求当成爱。

有人会问，如果发现自己的婚姻就是当年错把需求当成爱的结果，怎么办？

我们试想这样一幅画面：一个人在每天必经的路上都会遇到一个坑，而他总是掉到这个坑里，那怎么办呢？

显然，有三个解决方案：看见那个坑，然后绕开那个坑；填好那个坑，修好那条路；选择一条通往目的地的新路。这三个解决方案，你会选择哪一个？你知道每一个解决方案的真正含义吗？

◉ 你要求伴侣做到的，自己做到了吗？

你对自己的伴侣是不是已经感到失望？你明明已经告诉对方，希望生日时收到一份精美的礼物，纪念日时一起吃烛光晚餐，可对方就是不愿意做……

如果我说，这是你教他这样做的，你会不会跳起来？这怎么可能！先别急，请听团长讲个小故事。

有一次，一位女士来找我做心理咨询，一坐下来就开始抱怨，说她的先生这不好，那也不好，足足诉说了半个多小时。我耐心地听完她的诉说后，平静地问她："这个男人这么差劲，当初你为什么嫁给他？"

她说："他当时不是这样的。"

"他原来挺好的，对吧？"

"是的。"

"自从你嫁给他后，他就慢慢变成了这样，对吗？"

"是的。"

"那你用了什么方法，把一个原本的好男人变成了今天这个样子？"

她蒙了，反问我："你的意思是我把他变成这样的？"

"我没有这样说，我只是问你，当初这个男人挺好的，对吧？"

"是的。"

"自从你嫁给他之后，他就慢慢变成了今天这个样子，对吧？"

"是的。"

"那你用了什么方法，把一个原本的好男人变成了今天这个样子？"

我把刚才的话重复了一遍，这一次她没有像之前那样反应强烈，而是陷入了沉思。

团长曾写过一本书，叫《别人怎么对你，都是你教的》，那我们是怎么把伴侣教成这个样子的呢？当然，这种"教"并不是像老师教学生那样，而是一种"潜移默化"，你教了，但你并不知道你在教。

要明白这一点，我们首先要了解大脑的功能。在人类的大脑中，有一群被称为"镜像神经元"的神经细胞。它们肩负着反映他人行为的重要使命，能够助力人们从简单的模仿起步，逐步发展到更为复杂的模仿行为。镜像神经元就如同一个个储存器，里面存储着特定行为模式的编码。镜像神经元的这种特性，让我们无须过多思考便能自然地做很多基本动作，同时也让我们在看到别人做出某种动作时能做出相同的动作。

简单来说，镜像神经元构成了一套让我们实现模仿和学习的神经系统。比如，你看到别人笑，你也会笑；你看到别人伤心，即使这个人跟你没有任何关系，你也会伤心。这就契合了中国的一句老话：近朱者赤，近墨者黑。

明白了大脑的这个功能，你知道你是怎么教伴侣了吗？你希望伴侣为你做的，你自己是否做到了呢？你希望伴侣送礼物给你，那你送给对方了吗？你希望伴侣以某种方式爱你，你能否同样做到呢？

我猜答案是否定的，如果你给出的反馈是抱怨、指责和否定，凭什么可以得到包容、肯定和爱呢？根据镜像神经元的原理，你当然同样会得到抱怨、指责和否定，对方之所以这样做，不正是你教的吗？

古人云：己所不欲，勿施于人。要求别人做到的事情，首先我们自己要做到，自己做不到的事情，就不要强加于别人。可惜的是，我们很容易看到别人，却很难看见自己。为了让你看见自己，请你回答下面的问题：

一个不断要求别人包容的人，他包容吗？

一个批评别人不礼貌的人，他有礼貌吗？

一个老抱怨别人控制自己的人，是不是对别人有着更强的控制？

不断教育别人不能批评自己，本身是不是一种批评？

执着于不执着，是不是执着？

当你指责伴侣不爱你的时候，你真的爱对方吗？

当你抱怨伴侣不够包容的时候，你包容对方了吗？

当你指责伴侣不够肯定你的时候，你肯定他了吗？

当你抱怨伴侣心胸太窄时，你的心胸有多大？

当你认为伴侣不够温暖时，你自己够温暖吗？

任何一段糟糕的关系，都不仅仅是对方造成的，也许还有我们自己的一份"功劳"。世界上没有人是一座孤岛，我们每个人不可避免地都会与他人产生联结。在这个过程中，我们教会了别人如何对待自己。有的人，教会别人如何尊重自己爱自己，有的人却教会别人如何伤害自己。

也许你会问，凭什么我先为对方做，而不是对方先为我做？如果对方做得到，我一定也做得到。可是，对方也许跟你想得一样呢？

这是一个先有鸡还是先有蛋的问题！看似无解，但在团长看来，很简单，不管先有鸡还是先有蛋，只要有，都行！不管是你先做还是我先做，只要有一方先做，都行！

那该由谁先开始呢？我的答案是：

谁能力强，谁改变！因为改变，需要具备更强的能力。

谁期待更美好的生活，谁改变！因为有期待，就有改变的强烈动机。

谁痛苦，谁改变！痛改前非，"改"的动力来自"痛"，如果你感到痛苦，那就由你开始。

总之，幸福的密码之一就是"要求伴侣做到的，自己先做到"。当你需要关爱的时候，请先问问自己：我关爱对方了吗？如果自己都做不到，我们又有什么资格要求别人呢？

当然，这个原则男女都适用！

◎ 为什么越渴望爱，反而越得不到爱？

　　为什么内心缺爱的人，总是得不到爱？其实他们得到了爱，只不过，他们所得到的爱并不是传统意义上的爱。下面就为大家展示一个例子。

　　有个小女孩，她从小都是被粗暴对待的，她的爸爸妈妈总是打她。对一个孩子来说，父母是生存的保证。因此，哪怕父母粗暴的养育方式让她感到痛苦，她也不会觉得父母是不爱她的。相反，她把这种打骂、这种粗暴跟爱挂上了钩。

　　长大之后，如果有一个男孩很温柔地对待她、保护她，她会感觉哪里不对劲。那她会怎么样呢？她会用她的方式激怒男孩，直到他用当年父母对她的方式来对待她。这个时候，她心里会出现一个声音：这回对了！

　　于是，她得到了她父母当年对待她的那种"爱"，这就是她寻找爱的方式。不是她得不到爱，而是当她得到真正的爱的时候，她感觉不适应，因为，她早已习惯了父母式的"爱"。

湘西有一种菜叫"熏肉"，我是广东人，这道菜对我来说，有点吃不惯。熏肉烟味很重，盖住了原本的肉香味，但湘西的朋友爱吃，因为那是他们熟悉的味道，是他们心中"妈妈的味道"。

饮食习惯如此，爱也一样！不是你得不到爱，而是你得到了，你的潜意识也已经收获了它所渴望的东西，只是你的意识层面并不觉得满足罢了。就像荣格所说，你的潜意识操控着你的人生，而你却称之为命运。

如果你发现自己就是这样的人，怎么办？你可以有如下三种选择：

第一，继续享受你喜欢的"熏肉"，因为那是你自己选择的，不要一边享受一边抱怨就好。

第二，了解自己的习惯，如果你觉得自己更喜欢肉香味，那就要改掉对"熏肉"的执念，重新选择。当然，改变并不是一件容易的事，最好找专业人士帮忙，就像生病了需要找医生一样。

第三，你觉得怎样都不重要，你可以用自己喜欢的方式爱自己，毕竟世上不是只有"熏肉"和"原味肉"两种选择，还有各种各样的味道，你的人生你做主。

不管你选择哪种方式，请你记住，重要的是爱自己，一个自爱的人，才能爱他人。

内心缺爱的时候，我们会像饥饿的人到处寻找食物一样到处寻找爱。当一个人向外寻找爱时，得不到自己想要的，就会抱怨；抱怨依然得不到，就会指责，指责别人为什么不爱我；指责多了就会引起冲突，进而转变成相互攻击……

这就造成了一个恶性循环：匮乏—索取—抱怨—指责—攻击—破碎，接着又带着匮乏进入下一阶段，循环往复……

这就是让关系破裂的原因。要疗愈这一切，就得回到那个起点：自爱。

身体的成长，需要摄入很多营养物质，比如蛋白质、维生素、淀粉、糖等。心理成长也是一样的，心理要变得成熟，也需要相应的养分，爱就是其中最重要的精神食粮。

如果一个人在成长过程中，获得了足够的爱，那他长大后就是一个精神富足的人。就像一个从小身体获得足够营养的人，长大后就会身强力壮，有能力从事体力工作一样。一个从小得到足够多爱的人长大后，也会有能力去爱另一个人，进而爱这个世界。因为，一个内心富足的人，自然会分享，会去奉献，会爱；只有内心匮乏的人，才会一味索取，而只会索取的人很难拥有好的亲密关系。

如果我们小时候得不到足够多爱怎么办？没关系，你不用抱怨你的父母，他们之所以会那样对待你，是因为他们的父母也是那样对待他们的，他们已经尽力了。今天，你不再是个孩子了，你长大了，你已经是个大人了，你可以自己爱自己，把当年缺失的爱补回来。

如果你觉得自己渴望爱，却得不到爱，与其向外索取，不如回归内在，先从自爱开始。因为，爱自己，才能爱他人。

◎ 离婚的原因：夫妻之间没做到彼此顾念

电影《误杀》中有一句经典台词："如果你看过1000部电影，就会发现这世上压根没有什么离奇的事。"同样，如果你做过1000个小时的婚姻咨询，就会发现这世上没有什么离婚原因是会让你惊奇的。

林文采老师曾在课堂上讲述了这样一个故事：

有位女士想离婚，林老师问她：是不是丈夫出轨了？是不是你有了新的爱人？是不是……所有"是不是"都被她否认了，她说丈夫对她挺好的，也是个老实人，不会乱搞……而且丈夫身体健康，事业顺利，生活也没发生什么意外。

林老师感到很好奇，那是什么原因非要离婚呢？她说了一个让大家都很震惊的理由——丈夫不给她买蛋糕。因为这么小的事情就要离婚？

原来，这位女士从小家里经济条件不好，她最羡慕的就是别人家小孩生日时能吃生日蛋糕。她那时就暗暗发誓，以后长大有钱了，每年生日一定要给自己买个大大的蛋糕。

长大后，她通过自己的努力，真的可以在每年过生日时给自己买蛋糕了。每当这时，她都非常开心。婚后，她把买蛋糕的期待放到了丈夫身上，希望他能满足自己的公主梦。但结婚十几年，他从来没为她买过一次蛋糕，每次出门的时候都答应得好好的，一回家就说"忘了"。

这一次生日，她早上出门前提醒丈夫一次，中午又发微信提醒一次，快下班时又提醒一次，但丈夫回家时还是两手空空。她彻底绝望了，所以决定离婚！

林老师很好奇，不就是买个蛋糕吗？为什么就那么难呢？找来丈夫一问才知道，原来丈夫从来都没有忘记过，之所以不买，是因为他觉得这么大一个人了，还要像小孩子一样过生日，太矫情了。

林老师拯救他们婚姻的方法叫作"彼此顾念"，也就是：既然我爱你，你要买蛋糕，而我又买得起，为什么不为你买呢？

从这个故事我们可以看到，很多婚姻之所以破裂，往往是因为双方缺乏对彼此的顾念。当一方提出需求时，另一方没有给予足够的关注和支持，导致矛盾逐渐积累，最终走向破裂。

两个人都站在自己的角度思考问题。一个说："我就要买个蛋糕。"另一个说："我不想纵容你的矫情。"这样的婚姻是无法走下去的。真正的爱应该是彼此顾念，即使对方提出的是看似无理的需求，只要是你爱的人，你也愿意为她做。这才是真爱。

所以，在你决定离婚前，不妨先思考以下三个问题，再决定要不要离婚。

第一，你选择离婚是不是因为伴侣的缺点？

人无完人，会挣钱的男人就不要祈求他有时间陪老婆，会顾家的男人就不要对他的事业有太高的要求；打扮漂亮的女人多数爱花钱，会顾家的女人很难做到光鲜靓丽……

没有完美的伴侣，如果你喜欢伴侣的优点，请你同时接纳对方的不足，正如你也有缺点需要被包容接纳一样。

第二，你选择离婚是不是因为缺乏新鲜感？

再好吃的东西，吃多了也会没感觉。吃多了山珍海味就想喝白粥，白粥喝多了又想吃肉，肉吃多了又想换蔬菜吃……菜可以换着吃，但频繁换伴侣的话代价就太大了，每次更换都意味着一个家庭的破碎，同时还会牵扯两个家族的矛盾，再加上孩子心灵受到的伤害，这些事情会让你心力交瘁。如果你一味追求新鲜感，终有一天你会无法折腾下去，最终孤独终老。

第三，你选择离婚是不是因为性格不合？

没有哪两个人是性格相合的，如果你看到别人性格很合得来，那是别人有修为而已。你想要的性格相合，无非让伴侣按你的意愿行事。记住，你的伴侣是一个人，并不是一个盆栽，可以任由你修剪。如果伴侣不愿意按你的意愿去改变，你就认为是性格不合，那你永远都找不到跟你相合的人。

不会跑步，换多少跑道都跑不快；不会游泳，换多少泳池都游不好；不会跟性格不同的人相处，换多少伴侣都一样一地鸡毛。

第八章

教育孩子就像种一棵树

谁在操控你的选择

◎ 教育孩子就像种一棵树

在课堂上，经常会遇到家长问各种各样的问题：

孩子不吃饭怎么办？

孩子不做作业怎么办？

孩子玩手机怎么办？

孩子谈恋爱了怎么办？

…………

其实，诸如此类的问题在我看来，都是鸡毛蒜皮的小事，但这些小事却让家长们焦虑不堪。其实真的不用担心，教育孩子，就像种一棵树。

小时候我家周围有很多大树，每到冬天，树都会落叶，也有一些枯枝会掉下来。如果你在冬天时看到树变成这样，你会担心吗？你会砍掉它、放弃它吗？我想你不会，因为一棵树的成长，总会经历落叶和长出枯枝的阶段，这很正常。如果你关心一棵树，只需要关心以下两点：树的根是不是扎得够深？树干是否在不断长粗？如果树根扎得够深，树干在不断长粗，那么落叶以及偶尔一些枯枝的掉落，又有什么好担心的呢？毕竟，终有一天它能长成参天大树。

对孩子的教育也是一样的。也许现在你的孩子有一些地方让你感到头疼，但这些让你头疼的东西只不过是"枝枝叶叶"而已。那什么是孩子的"树根"和"树干"呢？

第一个叫"自我价值"。

生活中，一个人是否自信、自爱和自尊，和自我价值息息相关。高自我价值感的人，会觉得我很好、我可以、我很棒。他们内心坚韧，有着向上的力量。而低自我价值感的人则会与自己为敌，不断自我攻击、自我否定，活得内耗又自卑。

很多时候，自我价值感的高低，源自童年时期所获得的爱的多少。假设孩子在成长过程中，面对的总是父母的差评和否定，他们便会渐渐产生这样的认知：我是个很糟糕差劲的人。

如果父母能够给予孩子足够的尊重和接纳、好评与支持，他们便会在内心深处笃定：我是被爱的，我是足够好的。

自我价值就像一棵树的根一样，你看不到它，但它决定着孩子的未来。当孩子自我价值感高时，他们的内心才会有足够强大的力量。

第二个关乎孩子未来人生的，是他的思想维度。

如果一个人的思想被禁锢，他看待世界的角度就是单一的，很难适应社会的变化。

以当下互联网蓬勃发展的时代为例，如果孩子仅局限于传统店面经营的思维模式，当新的技术浪潮汹涌而至时，他们往往会陷入手足无措的境地。因为他们的认知体系中没有构建起互联网的概念，思维始终被困在原有的认知边界内，难以突破，只能沿着单一轨道前行。

相反，那些思想疆域开阔且灵活的人，他们的思维能容纳更多的人、事、物，因此能在充满变数的世界中活得游刃有余。

思想就像树干一样，每天都需要成长，因为时代不停地变化。你适应了互联网，人工智能来了；而等你适应了人工智能后，也许新的科技又诞生了。

一个人的思想如果停滞，就会像一棵树的树干停止生长一样，离死期已经不远了。就算肉身不死，灵魂也早已死亡。美国前总统富兰克林说过，有些人25岁就死了，75岁才埋葬。

如何才能培养出一个思想维度不断提升的孩子呢？

心理学研究发现，那些思想开放的孩子，其父母通常能做到这些方面：允许孩子说"不"，鼓励孩子说出自己的想法，哪怕和家长想得不一样，也可以大胆地表达。当孩子提出奇怪的问题时，抱着欢迎的态度，肯定孩子的好奇心，而不是敷衍对待，或者勒令孩子不许再问这些"愚蠢"的问题。不用标准答案禁锢孩子的思想，评判孩子的对错。

要让孩子实现内在精神与外在生活的富足，就必须把握自我价值和思想维度这两个核心，这样，教育孩子的其他问题就是"枝枝叶叶"的问题了。

◎ 斯坦福大学实验告诉你："玩"有多重要

不少父母认为，孩子爱玩是浪费时间，实则不然。团长用斯坦福大学曾做过的一个关于老鼠的实验告诉你："玩"有多重要。

实验初始，研究人员将一只公老鼠和一群母老鼠放在一起玩耍，并给它们提供很好的食物。通过观察，研究人员发现当公老鼠处于快乐状态时，某个特定的脑区会被激活。

为了进一步验证这个脑区的功能，研究人员进行了第二步实验：通过溺水胁迫、饥饿惩罚、电击刺激等方式，人为诱导这只公老鼠产生抑郁状态。

那么如何判断老鼠是否抑郁了呢？有两个指标：在行为反应上，健康老鼠被提起尾巴时会挣扎，弯起腰来，甚至咬人，而抑郁老鼠则不会有任何反应，只会呆呆地挂着；在食欲变化上，正常老鼠更喜欢喝加糖的水，而不是普通的水，但抑郁老鼠对糖水的兴趣大大降低，饮用糖水和白水的概率近乎均等。

通过这些指标确认公老鼠进入抑郁状态后，研究人员开始尝试治疗它。他们再次将一群母老鼠放进来与它玩耍，并提供美味的食物。然而，这次这只公老鼠没产生任何兴趣，甚至连交配的欲望都没有了。这就像一个孩子得了抑郁症，无论父母带他去哪里玩，怎么逗他开心，他就是开心不起来。

最终，研究人员使用了一种方法：用蓝光重新激活公老鼠大脑中那个负责快乐的脑区。这个脑区存储着它过去与母老鼠玩耍时的愉快记忆。通过蓝光激活这个脑区后，研究人员发现公老鼠恢复了活力，再次表现出挣扎和反抗的行为。这意味着它的抑郁状态得到了修复。

从这个老鼠实验我们可以看到，一旦得了抑郁症，最好的治疗方法就是激活大脑中那些储存愉快记忆的区域。就算没有抑郁症，人生也会经历一些黑暗的时刻，那些储存在大脑中的快乐记忆，会像明灯一样照亮我们前进的道路，在我们感到无力时提供能量，帮助我们度过那些至暗时刻。

因此，作为父母，我们应该尽量创造一些愉快的体验，比如带孩子去游乐场、一起玩游戏等，让孩子拥有高光时刻。这些愉快的记忆会储存在大脑中，当孩子未来遇到困难或挫折时，它们便可以帮助他们勇敢面对挑战。

◎ 照顾好自己，才能照顾好孩子

很多父母都在为了孩子牺牲自己，殊不知这样做反而增加了孩子的心理压力。

在一次完形团体治疗课程上，刚好有一对母女一起参加。在完形团体治疗过程中，我会引导参加的学员表达自己的感受，通常以向团体中的其他成员倾诉为开端。轮到那位母亲发言时，她对女儿这样表达："你现在还没结婚，为什么要搬出去住？这让我很难受，我为你牺牲了那么多，你还嫌弃我……"

这也许是不少父母的心声："我为你牺牲了那么多，你还嫌弃我。"如果你也有这样的感受，请听听孩子的回应："妈妈，我知道你为我牺牲了很多，你省吃俭用供我读书，我很感激你。可是现在我都工作了，你还是那么省，衣服也不舍得买件好的。我买给你的衣服你也不舍得穿，总说我乱花钱，我压力好大啊！在家里我点杯奶茶都有犯罪感，我不敢回家，回到家里我感到很压抑……"

一番真诚的对话让全班同学陪他们母女掉了不少眼泪。这种亲子关系在中国并不少见，因此，团长希望各位父母先照顾好自己，因为，一个能够照顾好自己的人，才能照顾好孩子。如果父母把自己的人生重心都放在孩子身上，为孩子的学习焦虑，为孩子的前途担心，甚至牺牲自己，成全孩子……这样做反而会加重孩子的负担。

请你感受一下这样的场景：有一天你在外面玩得很开心，心情十分愉快，可回到家后，却发现你的父母闷闷不乐、愁眉苦脸。请问，你敢开心吗？你还开心得起来吗？

你父母不开心，你不敢开心。同样，你不开心，你的孩子能开心吗？父母是孩子力量的来源，是孩子的榜样，是家里的定海神针，因此，只有父母先照顾好自己，孩子才能从父母身上得到安全感。

有人说，现在是拼爹、拼娘的时代。没错！但拼的绝对不是焦虑，更不是牺牲，而是幸福！你自己的生活过好了，你的孩子自然会从你的身上获得滋养。

现在的孩子面对的竞争那么激烈，何必再给孩子增加负担呢。

◎ "爱孩子"和"立规矩"从来不是单选题

　　总有家长担心，让孩子自主选择，会不会纵容他为所欲为？其实，自主选择从来都不是为所欲为，而是在合理框架内的自由抉择。

　　在《家庭教育》这本书中有这样一句话："有规矩的自由叫活泼，没有规矩的自由叫放肆。"

　　听起来很拗口，理解起来却不难。就像在牧场里，四周围起铁栅栏，牛儿可以在牧场内吃草喝水、东奔西跑，这叫作活泼，主人不会干涉它；但如果牛儿越过栅栏，闯入别家的牧场，这就叫作放肆，主人也不得不干涉。

　　家长们有必要认识到：规矩和选择本来就是统一的。我们给孩子建的"栅栏"就是法律法规、伦理道德、家风家规。只要孩子的行为处在这个合理的框架内，便可以自由选择。如果没有这个框架的约束，孩子便会为所欲为，比如打骂父母、伤害他人等。这时就算父母不管，法律也会惩罚他们。

有了框架约束，父母就不要再过多干涉了，不然孩子要么跟你唱反调，要么变得没有生命力。

　　曾经有位学员问我："孩子总和我作对怎么办？"

　　我让她举个具体的例子。她说女儿很喜欢那种像婚纱一样的公主裙，每天早上都吵着要穿。但是广州夏天很热，她怕女儿捂出痱子，就和女儿说："不要穿这个，太热了。"她女儿不听，非要穿，她只好每天强行拿别的衣服给她套上。她女儿因为穿不到喜欢的衣服，只能哭哭啼啼地上幼儿园。

　　我告诉这位学员："你要尊重孩子选择的权利。"这位妈妈不理解，反问我："难道错的也要让她选吗？"

　　是的，只要不违反法律、道德，也不影响生命安全，最好让孩子自主选择。

　　于是，这位学员按照我的建议，允许女儿穿公主裙上学，但同时在女儿书包里多放了一套短袖衣服，并告诉女儿："如果觉得热，就换上T恤哟。"于是，她女儿高高兴兴地穿上公主裙去上学了。

　　等放学去接女儿时，她发现女儿没穿公主裙了，换上了自己准备的T恤。她刚想问女儿怎么不穿了，女儿却说："那裙子穿起来热死了，我再也不穿了。"

孩子是聪明的，他们只要体验过，就会知道所做的选择是否适合自己。

段永平先生有一次在母校演讲时说："人做对的事情，把事情做对。"主持人问他："怎么知道事情是对的？"段永平的回答很有智慧，他说："重点是去做，发现错了就不再做，剩下的就是对的了。"

是的，重点是"做"，而不是"对的"！很多成年人不敢做选择，就是父母小到穿衣吃饭，大到选专业、选伴侣，包办所有事务的结果。这是在剥夺孩子的选择权，这样的孩子虽然不会为所欲为，但也被剥夺了选择人生的能力。

当然，让孩子自主选择，并不是无止境地满足孩子。如果实在无法满足孩子，心平气和地拒绝他们就好了。就像有些父母月薪几千元，但孩子想买上万元一套的衣服，这样的选择显然超过了家庭的承受能力。这时，父母只要大大方方地告诉孩子暂时做不到就好。

爱孩子，是我们的本能；给孩子设定合适的框架，是我们的责任，规矩与爱统一，才能成就孩子的未来。

◎ 最可怕的教育方式

什么样的教育方式会把孩子"逼疯"？我们先看一个实验。

巴甫洛夫做过一个关于狗的实验：实验者在屏幕上交替呈现圆形和细长的椭圆形图案。实验中的狗每次看到圆形，实验者就给它喂食；每次看到椭圆形，实验者不但不给它喂食，还要对它实行电击。

这样的操作进行几次后，狗只要看到圆形出现，就会显得很兴奋，口腔自动分泌唾液；而看到椭圆形时，则情绪烦躁，惶恐不安，口腔也不再分泌唾液。

随后，实验者开始改变图形特征，使圆形越来越像椭圆形，椭圆形越来越像圆形。

最终，令人不可思议的一幕出现了：原本安静的狗突然开始疯狂尖叫、剧烈扭动身体，甚至用牙齿咬坏用于皮肤刺激的仪器，还咬破了连接动物室与观察室的管道。

这条狗因再也无法准确辨识圆形与椭圆形，"疯"了。

动物如此，人也一样。英国人类学家贝特森研究发现，那些神经症患者的家庭存在一个共同点，即家中有一个或者多个"重要人物"，在他们面前，其他家庭成员，不管怎么做都是错的。

比如，孩子不做事时，有这种特征的母亲会说："你怎么这么懒，什么都不做？"可当孩子做事时，同样会遭到数落："你怎么这么笨，什么事都做不好？"

总之，不管孩子做还是不做，孩子都是错的，于是孩子陷入了两难境地，无所适从。

这种"无论你怎么做都是错的"沟通模式，贝特森称为"双重约束"。如果一个人长期在这样的环境下生活，久而久之，就会出现各种各样的神经症症状。

这种情况不仅发生在父母与孩子之间，也会发生在夫妻之间。比如，妻子抱怨："你从来都不给我送花，根本就是不爱我。"可丈夫送上鲜花时，又会听到："你都不是自愿的，你根本就不爱我。"不管丈夫是否送花，都是错的。

如果你家里有这样的人，那该怎么办？把这小节的内容给他们看，让他们对自己的行为模式有所觉察。如果他们不愿意改变，那就最好离他们远点。否则，长期在无所适从的状态下生活，你迟早会出现精神问题。如果你还小，需要依赖他们才能生存，该怎么办？如果是这样，团长只能尽力传播心理学，因为，多一个人学习心理学，就可以少一个人成为受害者。

◎ 孩子有问题，可能是父母需要他有问题

美国家庭治疗师萨提亚曾说："孩子没有问题，如果孩子有问题，那一定是父母的问题。"这句话虽然有点太过绝对，却也道破了家庭教育中不容忽视的真相——对不少有问题的孩子来说，其背后还真有不少父母的责任。

策略派家庭治疗创始人杰·海利也有类似的观点，在他看来，孩子有问题，是这个家庭需要有一个人有问题。

为什么会这样呢？其中一个原因是父母不愿意与孩子分离。

世间有很多种爱，大多数爱都是以结合为目标的，只有父母对孩子的爱，是以分离为目标的。孩子长大了，必须离开父母，才能成为一个独立的人。因此，人类从成为父母那一天开始，就要做好与孩子分离的准备。

遗憾的是，不少父母不愿放弃父母这一角色，不愿让孩子长大，因为孩子慢慢长大，会让他们感到越来越没有价值。为了维持自己的价值，他们不惜让孩子一直处于"弱者"状态。但孩子

不可能永远这样，因为孩子会一天天长大，那怎么办？最简单有效的方法就是把孩子逼成精神病人，只要把孩子逼成精神病人，父母就永远是父母。因为这种情况下，不管孩子多大，都需要父母的照顾。

如何才能把孩子逼成精神病人？

很简单，只要总是否定他们，不信任他们，总是给他们差评，拿优秀的人跟他们进行比较，永远把他们看成小孩子，什么事情都替他们做，而且对他们进行双重约束，也就是说，不管他们怎么做，都认为他们是错的。假以时日，他们就会成为精神病人，永远都离不开父母。

以上这些行为你有吗？如果有，请尽快收手。要允许孩子慢慢长大，允许孩子越来越不需要父母。不要把自己的价值建立在孩子身上，你自己也要找到一份能实现自我价值的事业，哪怕是个人爱好也行，以弥补不再被孩子需要的价值缺失。

当你不再需要"父母"这一角色证明自身价值时，孩子的问题就会得到有效的解决。否则，孩子永远都会有问题，因为你需要他们"有问题"。

◉ 吼孩子会让孩子变笨

你是否有这样的经验？与人激烈争吵后，情绪逐渐平复时才惊觉：刚才我为什么不这样反驳他？太便宜他了！

为什么会这样呢？原来人在强烈的情绪冲击下，智力水平会下降。

人的大脑分为不同的部分，负责智力的部分叫"大脑皮层"，负责情绪的部分叫"边缘系统"。当人处于惊吓、害怕、恐惧等强烈的情绪状态中时，大脑皮层的功能会暂时关闭，转而激活边缘系统，以应对危险。这种现象叫"退行反应"。

当你骂孩子、吼孩子时，孩子就会产生这样的反应。所以，越骂孩子就越笨！

你自己也一样，越是情绪化，你的智商就越低。两个人在低智商的状态下产生冲突，后果可想而知。那怎么办呢？

有一个特别简单的办法，当你感受到情绪来袭时，最好把情绪表达出来。比如，孩子做了某件事让你很生气，你可以直接说

"看到你这样做，我感到很生气"。情绪一旦表达出来，其负面作用就会减半。

　　吼孩子不仅会伤害孩子，而且基本没有正面效果。如果你不希望你的情绪伤害到孩子，还可以试试转换沟通策略，以更温和且有效的方式与孩子交流，具体可参考如下例子。

　　一、把命令转化为选择。

　　×赶紧做功课去！

　　√吃完饭，你是帮妈妈洗碗还是先做功课？

　　二、把威胁转变为期待。

　　×你再哭妈妈就不要你了！

　　√哭是可以的，妈妈希望你哭完之后能把玩具收拾一下。

　　三、把"不"转变成"要"。

　　×不要吵！

　　√嘘，请安静一点。

　　四、把立刻禁止转变成提前约定。

　　×别玩手机了，赶快去做功课！

　　√再玩5分钟，就去做功课，好吗？

　　语言是一把双刃剑，使用不当会伤人，使用得当能救人。

◎ 亲子教育中的 73855 定律

"我都说了一百遍了，你为什么就是听不进去呢？"在孩子教育中，你是否有同样的困扰？为什么跟孩子掏心掏肺讲道理就是没有用呢？你以为把自己积累的经验教训讲给孩子听，可以让他们少走弯路，但孩子根本一个字都听不进去，为什么？

因为你不懂心理学的73855定律。73855定律又称"麦拉宾法则"，是由美国心理学教授麦拉宾通过10年研究，分析人与人之间的沟通得出的结论：在沟通中，人们所接收到的信息里，仅仅只有7%源自说话的具体内容，而38%来自说话时的语调，高达55%的信息则是通过肢体语言传递的。

明白了吧？为什么你说的道理孩子听不进去，因为他们接收到的信息根本不是你讲了什么，而是你用什么样的语调和肢体语言讲。也就是说，比语言更重要的是你的语气和情绪。

如果我们在沟通时，肢体语言和语调表现出来的是带有攻击性的愤怒、吼叫、指责或者抱怨，那孩子大概率会出现如下三种反应：

战斗：顶嘴反抗；

逃跑：回避你，把自己关进房间，甚至离家出走；

装死：装作听不见。

事实上，动物面对危险时也会表现出战斗、逃跑以及装死这三种反应。那如何才能让孩子听得进我们的话呢？

很简单，善用在沟通中占据93%关键地位的语调和肢体语言就可以了。也就是说，最好的教育不是说教也不是讲道理，而是要以身作则。

比如，你希望孩子多读书，如果你拼命跟孩子说读书的重要性，而自己却总在打麻将，请问孩子是相信你说的呢，还是相信他看到的呢？所以，不用给他们讲读书的重要性，只要你自己在家里营造出阅读的氛围，孩子看到你天天读书，你不用说，他们自然会上喜欢读书。

说什么不重要，重要的是孩子感受到什么。你的吼叫、威胁、批评和指责，只会让孩子觉得自己不够好。一个从小感受到被爱的孩子，才会拥有美好的人生。

◉ "二孩家庭"能否一碗水端平?

随着生育政策的放开,二胎、三胎家庭越来越多。不少父母为此陷入烦恼——担心"一碗水端不平",让孩子之间产生矛盾冲突,伤害感情。其实,这或许有些杞人忧天。

从心理学的角度看,兄弟姐妹之间的冲突和竞争不仅不用消除,而且还是必须存在的,与彼此间的温情相辅相成。在二胎家庭中,亲子教育最重要的不是做到绝对公平,而是能够"看见"每一个孩子,让他们都能感受到专属感。

怎样才能给到孩子"专属感"?

第一,给孩子真正"想要"的,而不是父母觉得他需要的。

很多家长在给孩子买东西时,往往是给其中一个孩子买了某件东西,也会给另一个孩子买一样的,以为这样就公平了。但孩子要的不是这样的"公平",因为那未必是另一个孩子心中真正想要的。

懂得倾听孩子的真实需求,看见他们的"想要",这才是对孩子真正的公平。

第二，孩子之间的矛盾交还给孩子自己解决。

有时候，家中的两个孩子闹矛盾，有些父母会要求大的"让"小的，结果往往是一方满心委屈，而另一方愈发骄纵。

有一点要注意，"容忍"这个词其实包含着两种完全不同的意思。"容"是一种空间概念，而"忍"则是一种心理状态。心里放得下，叫作"容"；心里放不下，则要"忍"。因此，能"容"，就无须"忍"；如果要"忍"，则一定是内心的包容空间不够。

一个人如果长期感到委屈，通常会有两种结果：一种是向外攻击，对他人滋生怨恨；另一种是对内攻击，让自己陷入抑郁。

孩子还小，我们不可能要求他们学会容忍。当孩子闹矛盾时，只要不是严重伤害到身体，就让他们用自己的方法解决。家庭作为孩子成长的第一所"学校"，冲突恰恰为孩子提供了珍贵的实践机会，能帮助他们在摸索中学会沟通、协商与共情，逐步掌握重要的社交技能。

◎ 别再对孩子说"你真棒"

俗话说：良言一句三冬暖，恶语伤人六月寒。语言拥有不可思议的力量。不信，我们来做一个小实验：不要想一只白猫，不要想一只有着长长尾巴的白猫，不要想一只正偷吃鱼、长着长长尾巴的白猫。此刻，你在想什么？白猫，对不对？我不是让你不要想吗？你为什么还要想呢？难度你有意跟我作对？

当然不是！这只是你潜意识的自动反应，因为我们的潜意识，没有办法处理否定词汇。当我让你"不要想"时，你的大脑首先要"想"起来，然后再去处理"不要"的问题。

明白了这个大脑运作的原理，如下事情你还会做吗？

孩子考试之前，你还会对孩子说"不要紧张"吗？
孩子胆小的时候，你还会对孩子说"不要害怕"吗？
孩子伤心的时候，你还会对孩子说"不要难过"吗？
…………

当你说不要"什么"的时候，焦点恰恰指向了"什么"。如果你希望唤起孩子内在的力量，把语言的焦点放在正面之处或许才是最好的选择。

怎么才算是把焦点放在正面之处呢？直接夸孩子"很棒""很聪明"吗？当然不是这么简单，这样的语言太宽泛，缺乏具体的焦点，孩子不会感受到力量。

我们需要一双发现"美"的眼睛，看到孩子在生活中清晰的、具体可见的优点，然后肯定他们，这样才能让孩子感到实实在在的力量。夸孩子"棒"，你要让孩子知道他们棒在哪里。比如：

> 夸效率高："今天这么多作业都能在吃饭前完成，你做事的效率真高。"
>
> 夸有耐心："这道题挺难的，但你一直在坚持，没有放弃，真有耐心。"
>
> 夸想法好："这个办法很不错嘛，说说是怎么想出来的，让我学习学习。"
>
> 夸细心："你还记得天气预报说今天可能下雨，提醒我们出门要带伞，真是个细心的孩子。"
>
> …………

孩子的谦虚品格、合作精神强、自主选择能力强与责任心强等闪光点，我们都应该看见，并及时给予鼓励，帮助他们强化这些积极特质，这样才能真正助力孩子健康成长。

◎ 孩子为什么总说"随便"？

孩子总说"随便"，很可能是他们的自我意识被父母有意无意地抑制了；成年人总说"随便"，基本上是因为内心缺乏主见。这样的人，或多或说存在一些心理层面的问题。

为什么这样说呢？心理学研究发现，各种各样的神经症都有两个共同的特点，即自我被剥夺以及人际关系的断绝。

"自我被剥夺"就是剥夺一个人的自主权、选择权。一般认为，虐待、强暴这些极端暴力行为才会剥夺孩子的自我，殊不知，很多时候，善良而无知的"爱"也会给孩子带来深深的伤害。

我的老师张国维博士曾给我讲过一个真实的故事。他当时在一家西餐厅吃饭，刚好邻桌有个小女孩在过生日，以下是他听到的一段对话：

妈妈对孩子说："宝贝，今天是你生日，你想吃什么？

随便点！"

孩子高兴地说："好啊好啊，妈妈，我要喝可乐。"

妈妈说："不行！可乐是碳酸饮料，对身体不好。"

孩子疑惑地说："妈妈，不是说生日点什么都可以吗？"

妈妈说："除了可乐，什么都可以。"

孩子想了想说："嗯……那我要雪糕。"

妈妈说："不行！"

孩子不开心了："你不是说我今天过生日，点什么都行吗？"

妈妈说："雪糕是冻的，不能吃冻的东西，对身体不好，除了可乐和雪糕，其他的都行。"

孩子嘟囔着："那好吧……我点炸鸡总可以吧？"

妈妈坚定地说："不行！油炸食品会上火，除了可乐、雪糕、炸鸡，什么都行。来，菜单上有很多好吃的，随便点。"

孩子这次不点了，她说："随便……"

看到了吗？为什么孩子会说"随便"，不是他们真的宽容大度，而是因为他们的选择权被一次次无情地剥夺了。被剥夺选择权，就意味着自我意识的丧失。

虐待，是对肉体的摧残；而"随便"，则是精神被摧残的结果。那些习惯说"随便"的孩子长大后，小则养成懦弱、顺从、讨好他人、遇事退缩的性格，一事无成；大则可能患上抑郁症、精神分裂症等各种神经症，陷入痛苦的深渊。

拥有健全的自我，是一个人心理健康的标志，而自主的选择权则是构建健全自我的基础。当然，自由选择并不是为所欲为，而是在法律、道德、家规等合理框架内根据自己的意愿和判断进行选择。

总说"随便"的孩子无疑是乖孩子，但乖孩子未必是好孩子，他们很可能是精神上的"病孩子"。所以，在教育孩子的过程中，仅仅给予爱是远远不够的，还需要运用智慧，尊重孩子的选择，呵护他们的自我意识，让他们在健康、自由的环境中茁壮成长。

◎ 父母的教育方式决定孩子长大后的择偶水平

其实你不用专门教孩子如何择偶，你平常的教育方式已经决定了未来你孩子择偶的对象。为什么这样说呢？下面我给大家分享一个真实的案例。

我有一位学员找我诉苦，说他的儿子长得又高又帅，学历也很高，但不明白他为什么会找一个学历低、长相普通、脾气也不好的对象。在他眼中，儿子和对方的条件根本就不匹配，但他不明白为什么儿子会喜欢跟对方在一起。

我就问他："你对孩子的教育方式是不是总是批评、打击、否定，而不是赞美和肯定？"这位学员很惊讶地看着我说："团长，你怎么知道的？"

我当然知道，因为我在心理行业工作了近30年。在心理学工作中，我经常看到一种现象：物以类聚，人以群分，人们往往会找与自己心理状态相匹配的对象。从小受到打击、被否定的孩子，内心一定会形成一种"我不够好"的观念。这样的人长大后，面对那些优秀的异性，内心就会觉得自己配不上对方。当遇到条件特别好的异性时，他们会感到自卑，从而退缩；而遇到条件一般的异性，他们才会有勇气追求。

例如，从小就受打击、被否定的孩子，长大后即使事业有成，也会因为内心的不安全感而选择条件不如自己的伴侣。相反，如果孩子从小被肯定、被认可、被爱，那么他们就会有较高的自我价值感，从而更有可能选择条件更好的伴侣。

自我价值感就像人生的剧本一样，决定了一个人会过怎样的生活。如果你总觉得自己不够好，那么你的人生一定会遇上各种各样的问题。因此，父母的教育方式会对孩子的未来产生非常大的影响。

就像我那位学员的儿子，尽管条件很好，但由于从小受到了过多的批评和否定，导致他在面对优秀的异性时缺乏自信，最终选择了条件不如自己的伴侣。这并不是因为他没有能力找到条件更好的对象，而是因为他的自我价值感较低，觉得自己配不上更好的人。

如果你想让自己的孩子未来找到优秀的伴侣，那么你就需要从现在开始改变教育方式，多给孩子一些肯定和鼓励，帮助他们建立良好的自我价值感。只有这样，他们才能在未来找到一个与自己条件相匹配的优秀伴侣。

第九章

与父母的关系

谁在操控你的选择

◎ 原生家庭欠你的，你要自己找回来

有不少人学过心理学后，会把自己当下的不幸、失败全部归咎于原生家庭，这种简单归因的方式也使得心理学备受诟病。

不过，团长所倡导的心理学理念不会这样。团长认为，虽然原生家庭对一个人的成长影响很大，但我们不能将生活中的所有不顺都简单归结于此。因为父母受限于他们所处的时代、教育背景与认知水平，在养育子女的过程中，其实已经竭尽所能，做出了他们当时认为最好的选择。

为什么不能简单地把人生困境的责任归咎于原生家庭呢？请听团长分享一个小故事。

据说在美国有一对双胞胎兄弟：哥哥是流落街头的酒鬼，是个乞丐；弟弟则在某律师事务所工作，是大律师。于是有记者很好奇，采访了这对兄弟。

记者先采访了哥哥："据说你有个弟弟是大律师，可为什么你却沦落到要做乞丐、做酒鬼呢？"哥哥说："我有什

么办法，因为我爸也是个酒鬼。"

　　然后，记者又去律师事务所采访了弟弟："据说你有个哥哥沦落街头，而你却是个大律师，能不能告诉我为什么？"弟弟的回答几乎跟哥哥的一样："我有什么办法，因为我爸是个酒鬼。"

　　为什么同样的家庭背景却养育出了完全不同的孩子？看完这个故事，如果你今天生活不如意，你能怪罪你的原生家庭吗？

　　每个人在其所处的当下，都会做他们自认为最好的选择。父母当年之所以会那样对你，是因为他们也是那样被养大的，他们的爷爷奶奶和姥姥姥爷就是那样对他们的。所以怪罪父母是没有道理的，当然也是没有任何作用的。

　　你可能会说："虽然父母的认知有限，不是有意为之，但原生家庭确实给我带来了一些伤害，怎么办？"

　　就算原生家庭欠你的，你也要自己找回来。

　　因为你已经是成年人了，不再是孩子了。当年，你只能被动接受父母的给予；今天，你完全可以做些不一样的事情。当年父母没有做到位的事情，你现在是不是可以自己填补呢？比如，你渴望被肯定、被赞美、被鼓励、被爱，父母当年没能做到，那你今天为什么不能自己肯定自己、自己赞美自己、自己鼓励自己、自己爱自己呢？

　　既然你知道了原生家庭会对孩子造成影响，为什么现在不成为自己"内在小孩"的父母？你只要愿意接纳自己做得不够的地方，不断自我欣赏和鼓励，回应自己的需求，照顾自己的身体，饿了就吃，困了就睡，这样一来，当年没得到的东西不就都得到了吗？你的"内在小孩"不就可以健康长大了吗？你的身心不就健康了吗？为什么还要责怪父母呢？

就像前面提到的案例一样，同一个家庭，却可以养育出两个完全不一样的孩子，因为每个孩子都是不一样的。只要你愿意，不管你曾经生在一个什么样的家庭，你的人生都是可以改变的。

我自己就是一个例子。我出生在农村，父母没有什么文化，总是对我批评、打压。农村的父母认为，夸孩子会把孩子夸坏，就是要打骂孩子，孩子才会成材。所以，我的原生家庭也有缺陷，我的心理也曾出现过各种各样的问题。不一样的是，我并没有像某些人那样，责怪自己的父母，而是通过学习心理学，改变了自己的人生。

所以，不管现在的你遇到了怎样的问题，生在怎样有问题的家庭，都没有关系，只要你愿意学习心理学，请你相信，人生都是可以改变的。原生家庭没有给予你的，你都可以靠自己填补回来。

◎ 不要企图拯救你的父母

我们永远不要企图拯救父母，因为这种强烈的愿望很可能会诱发精神疾病。心理学研究发现，有两类人罹患精神疾病的风险远高于其他人群：一类是从小被剥夺自我的人，另一类就是执着于拯救父母、改变父母命运的人。

为什么不能拯救父母？

在我们的文化里，很多人可能会特别不理解这一点。中国人都希望父母好，这不正是孝顺美德的体现吗？怎么会诱发精神疾病呢？其实答案很简单，我们的生命来自父母，所以我们的天性中有忠于父母的本能。不管你遇到了如何糟糕的父母，哪怕是虐待孩子的父母，你的潜意识仍然会在一定程度上忠于父母。

如果父母的关系出了问题，孩子在潜意识层面会不自觉地采取极端方式维系家庭平衡：他们可能通过生病、叛逆等行为吸引父母关注，试图用自己的"问题"转移父母矛盾，避免直接冲突；而当父母遭遇疾病或者生活困境时，孩子便会在潜意识的驱使下责备甚至虐待自己，因为当父母过得不好时，孩子是不敢让自己过好的。

　　请大家试想一下这样一个场景：有一天你在外面玩得很开心，你带着愉快的心情回到家，但是推开门的时候，你发现父母正坐在客厅里生闷气，请问你敢开心吗？所以父母过得好，孩子才能真正过得好。如果父母过得不好，孩子的心理便会背负巨大的压力，试图通过牺牲自己来拯救父母。这就是那些想拯救父母的孩子会出现心理问题的原因。

　　如果你还想改变父母，就说明你自己还没有长大，你还是个孩子，只有孩子才渴望改变父母。如果你的内心是成熟的，那你就会懂得尊重父母。我们送给父母最大的礼物，不是改变他们，而是活好我们自己。

◎ 父母的婚姻不幸会影响我吗？

美国家庭治疗师萨提亚指出，父母送给孩子最好的礼物就是良好的夫妻关系。如果父母婚姻不幸，很可能会直接影响孩子的婚姻。请听团长讲一个真实的婚姻案例。

在一次"升级生命软件"课堂上，我向学员提问："大家受够了什么？"有位女同学站起来说："我受够了妈妈催婚。"她说她现在都不敢回家了，每次回家，妈妈都会逼迫她结婚。我问她为什么不结婚，她说也不是不想结，就是还没遇到适合结婚的那个人。我问她谈过几次恋爱了。她说有过三段感情，可是不知怎么回事，每次到谈婚论嫁的时候就会出问题，本来是很小的事情也会搞得很大，最后以分手告终。

我大概猜到怎么回事了，于是用催眠的方法，引导她回溯原生家庭的记忆。果然不出所料，她出生在一个破碎的家庭，自懂事起，父母的争吵便从未停歇，他们甚至还会动手。他爸爸是个酒鬼，一喝醉就发酒疯。后来妈妈实在受不了，离婚了，她就在妈妈身边长大。

当她退行到孩童状态时，我问她："你对婚姻有什么想法？"她说："婚姻靠不住，男人没一个好东西。"

故事说到这里，我想大家已经知道她为什么结不成婚了，因为父母的婚姻生活已在她心中种下一颗不幸的种子。这颗种子成熟后，会在孩子的婚姻中产生不良影响。

在孩子心中，父母是不可分割的整体，而不是独立的个体，所以父母的争吵乃至离婚，对孩子而言都是一种丧失。这跟失去生命中某些重要的东西一样，是一种创伤。

父母是孩子安全感的来源，关系不好的父母，无法给到孩子足够的安全感。缺乏安全感的孩子，有的会变得脆弱敏感，遇事易焦虑不安；有的则走向另一个极端，为了保护自己那脆弱的内心，用冷漠和强硬包裹自己，看似坚不可摧，实则将真实情感层层封闭，变得疏离而冷漠。

父母的婚姻模式，是孩子认识婚姻的第一面镜子。我们对婚姻的认知与信念是从父母那里习得的，如果父母婚姻不幸，我们往往就会对婚姻失去期待与信心。

当然，这一切都是可以改变的。正如前面案例中的那位女同学，帮她做完个案后一年多，我就收到了她结婚的喜帖。因此，只要你愿意学习心理学，不管你父母当年的关系如何，你都可以重塑你的人生。

记住，你的人生你做主！

◎ 什么才是真正的孝顺？

前面说过，不要试图拯救父母，那如果父母过得不好，该怎么办呢？

父母的问题让他们自己解决。每个人都有自己的人生课题和挑战，父母也不例外。试图替父母解决问题，实际上是在剥夺他们面对和解决问题的机会。如果父母没有能力或意愿改变现状，那么孩子的努力只会让他们更加无助和沮丧。

尊重父母，尊重他们的命运，顾好自己的人生，就是对父母最大的孝顺。

我们不妨换位思考一下，当你为人父母的时候，你对孩子有什么期待？你希望他来改变你吗？你最大的希望就是孩子能够幸福地生活，如果孩子能够幸福地生活，你才会心安。如果你真想为父母好，最重要的是让自己每天都活得开开心心。

《礼记·祭义》里把"孝"分为三个层次。"孝有三：大孝尊亲，其次弗辱，其次能养。"也就是说，最基本的孝是能养父母，让其衣食无忧；中等的孝是不让父母羞愧，不让父母因为你而感到丢人；最上等的孝，则是尊亲。什么是"尊亲"？《孝经》云"立身行道，扬名后世，以显父母"，也就是通过自身的努力与成就，让父母能够因为你而骄傲。当父母偶然在电视上看到你的身影，在报纸中读到你的事迹，或是在手机屏幕中刷到你的动态时，他们就很开心了，也有了向他人分享的资本。

与其执着于疗愈父母、改变父母，不如将精力聚焦于自身发展，为父母创造值得骄傲的"谈资"。

记住，水顺流而下，不会逆流而上。父母有他们自己的功课，千万不要试图拯救他们。顾好你的人生，就是对父母最大的孝顺。

第十章

聊聊职场和赚钱

谁在操控你的选择

我从不为钱而工作

团长喜欢旅游，尤其喜欢跟有所成就的人一起周游世界，因为在一起玩的时候，可以听到很多关于他们的趣事。在一次旅行中，我有幸认识了一家著名的服装企业的老板，这位老板在讲述创业故事时，经常重复一句话："我从不为钱而打工。"那他为什么而工作呢？下面就是他的创业故事。

他初中毕业就出来做生意了，第一笔生意是从家乡运木材到城里卖，没想到亏了一大笔钱。为了躲债，他来到了广州。他有一位同学在广州江边卖水果，他求同学的爸爸收留他。于是，他开始第一次为他人工作——卖水果。

同学的爸爸一个月付他200元薪水，但他说："我从不为钱而打工。"他卖水果就用心地把水果卖好，还发明了两种卖水果的方法。

第一个方法是由蹲着卖到站着卖。原来水果摊都是堆在地上卖的，顾客来买水果的时候，都要蹲下来挑水果，很不方便。他便用两张板凳支起一张床板，水果摊摆在床板上，这么一来，顾客就不用蹲下去，只要弯腰就能够挑水果了。

第二个方法是擦干净卖。原来卖的水果是果农从农场里摘下来，就直接送来水果摊的新鲜水果。虽然很新鲜，但也很脏，水果的表皮会蹭到不少泥土。摆在地上，让顾客挑拣，很容易把顾客的手弄脏。他说，反正坐在那里看摊，没顾客的时候，他也没事干，就拿一个破毛巾，把每个水果擦得干干净净。

在一排排的水果摊中，他的水果摊摆得高高的，并且水果特别干净，于是他的生意特别好。

卖水果的怎么就成了服装企业的老板呢？别急，且听团长给你慢慢道来。

原来他不仅会卖东西，更重要的是，他深得顾客的喜爱，因为他总是笑容满面。我认识他的时候，他已经是著名的大老板了，但他跟我这种普通人聊天时依然笑容可掬。

他说，有一天有个女顾客趁老板不在时偷偷跟他说："靓仔啊，我观察你很久了，你很会卖东西，有没有兴趣转行呢？我是卖服装的，你在这里卖水果，每天风吹日晒的，挺辛苦啊，到我那里有空调啊。你工资多少，我给你两倍。"

于是，一个卖水果的摊贩就被卖服装的老板挖去做服装销售了。他说服装店老板一个月付他800元薪水，工资相对卖水果翻了四倍，但他依然是那个口头禅："我从不为钱而打工。"

他在卖服装时，跟卖水果一样，用心销售，不断提升销售能力，积累销售经验，建立属于自己的口碑，为老板创造了不少财富。

三年后的某一天，旁边有一家店转让，他认为那个位置挺好的，很想接过来自己做，可惜手上没有足够的本钱。他鼓起勇气向老板借，没想到老板真的借给了他。至于老板为什么会借钱给员工在自己的店旁边开一家一样的店跟自己竞争，团长不得而知。

总之，在服装店老板的助力下，他从打工仔变成了老板。因为他从不为钱而打工，所以，他在打工的过程中积累了销售能力和人脉关系，这些东西远比金钱有价值。有了这些东西，他开了第一家店，就有第二家店、第三家店。后来，他觉得卖服装不如生产服装，于是，他在东莞开了第一家服装工厂。如今，他的企业已发展成拥有两千多家店面、集生产与销售于一体的知名服装品牌，在市场中占据重要地位。

通过这个故事，至少可以明白如下几点：

其一，英雄不问出处，出身卑微没关系，小学毕业也没关系；

其二，干什么工作并不重要，就算是卖水果这样不起眼的工作，也能成为通往卓越之路的基石；

其三，不必过分纠结于当下老板给予的薪酬高低，就算是月薪200元，也不应磨灭奋斗的热情。

如果这些都不重要，那什么才是重要的呢？他那句不断重复的话是重要的——"我从不为钱而打工！"不为钱而打工，那为什么而打工才会发达呢？

团长的答案是——可收藏价值。

什么叫"可收藏价值"？就是放在那里，随着时间的推移，会不断增加的价值。比如古董、红木、邮票，你放在那里，随着时间慢慢流逝，它们会越来越值钱。对一个人而言，什么东西放着会值钱？能力和品牌，一个人拥有了能力和品牌后，他就拥有了机会。

这对年轻人非常重要，你现在上班，你的所有付出不仅仅是为了获取金钱，更重要的是提升能力和建立个人品牌。

金钱是有限的，能力和品牌积累才是无限的。光有能力还不行，还得有人欣赏你，需要你，这就是个人品牌的价值。就像前面故事中的主角一样，他从不为钱而打工，他在每一份工作中都获得了这两个可收藏价值。只要你拥有了这两个价值，就算暂时工资少点，又有什么关系呢？

相反，如果你的工作没有带来能力的提升，也不能为你建立个人品牌助力，也就没有什么可收藏价值，就算工资再高，我也建议你换个工作，因为这样的工作迟早耗尽你的青春，最后你会一无所有。

一份具有可收藏价值的工作就不一样了，它能在为你带来金钱的同时，也让你拥有未来无数的机会。总有一天，你的人生会发生巨大的改变。

◎ 用"离职心态"来工作

有一个词在职场很流行，叫"离职心态"。

可惜，大多数人误解了这个词的意思。于是，他们一不顺心就想离职。他们相信，心中有辞呈，职场永无敌。他们一心整顿职场，整顿老板，却没想到，职场依旧，自己的压力依旧，囊中羞涩依旧。这并不是真正的离职心态，而是巨婴心态。

那什么才是真正的离职心态呢？

当然没有标准答案，我个人的理解是，当你随时都可以从职位上离开，但并不会影响事业发展，更不会影响生活质量时，你所拥有的心态才是真正的离职心态。

如何才能做到这一点呢？

首先，要找到跟自己天赋相契合的工作。不少人认为要找自己感兴趣的工作，殊不知，若从事仅有兴趣却缺乏天赋的工作，这份热情往往难以持久，因为你会觉得没有成就感。

其次，兴趣不行，那根据自己的能力找工作总可以吧？也不行，因为能力是后天训练出来的，如果你的能力跟天赋不相匹配，即便付出诸多努力，你也可能在竞争中处于劣势。当身边的人凭借天赋轻易超越你时，你的工作也会很快被替代。那时，你就不是离职，而是"被离职"了。

当你的工作跟天赋紧密相连时，你就会拥有能力，同时也会有兴趣，因为你能从中获得满满的成就感，这时天赋、兴趣、能力三者自然就统一了。

那怎么才能找到自己的天赋呢？

请你问自己一个问题：从小到大，有哪些事情，是你不需要用力，就可以轻易超越身边的人的？

以我为例，我自幼体弱多病，打架打不过其他小朋友，因此我学会了一种生存策略：成为孩子王。长大之后，我毫不费力就能成为团队的领导。在职场上也一样，我多次打工，都很快从打工人做到了老板。现在做导师，我也是导师团的团长。在做领导这件事上，我是不费力的，并且是有成就感的，这就是我的天赋。

当你能找到天赋时，你自然就拥有了"离职心态"，你随时可以离开，因为你到哪里都一样。

◎ 职场沟通不要总想着搞定别人

在职场上与人沟通、谈合作时不要总想着搞定对方。

试想一下，如果有个人想搞定你，你是什么心态，会怎么想？没有人愿意被别人搞定。当你起心动念是想"搞定别人"时，你就已经输了，因为你的起心动念会决定你的言行。当你想搞定某人时，你其实在试图操控对方，但没有人愿意被操控。

每个人都有自己的需求，只有当你愿意满足别人的需求时，别人才有可能满足你的需求。

正确的做法是，不要操控，要沟通。

沟通跟操控有什么区别？操控是带着自己的目标竭力搞定对方。沟通是了解对方的需求，表达自己的需求，把双方的需求摆出来，一起探索能满足双方需求的方法。

带着自己的观点，说服别人接受，是操控；保持开放，尊重别人的观点，不强求别人接受自己的观点，君子和而不同，是沟通。

　　大多数人总喜欢高高在上地教育别人，而人们一般不喜欢那些居高临下的人。所以，我们要平等地分享，而不是试图告诉别人应该怎么做。只要你能够从对方的角度去感受，平等地与对方沟通，你自然会广受欢迎。

　　你所处的位置会影响你的感受，所以，多从别人的角度感受对方的感受，这有助于减少冲突，改善关系。注意不是换位思考，而是换位感受。

　　沟通的另一个原则是：维护对方的身份认同。每个人内心深处都存在着对自我身份的认知与期待，比如思考"我是个好人吗""我值得被爱吗""大家都喜欢我吗"。

　　如果我们在沟通中未能维护对方的身份认同，就可能触发其心理防御机制，使其失去理智，而一个失去理智的人是很难沟通的。正因如此，我们一定要尊重对方对自己的身份定位。当一个人的身份得到认可时，才会有安全感，而安全感正是沟通谈判的基础。

◎ 赚不到钱，是因为你不想赚钱

你知道吗，赚不到钱，其实是因为你不想赚钱。为什么这样说呢？请听团长讲一个小故事。

在团长的财富心理课上，有一位40多岁的男士说自己努力工作，就是赚不到钱，请我帮帮他。于是我请他上台，跟他一起聊钱，聊着聊着，我发现他拿话筒的手一直在发抖。我请他闭上眼睛，把注意力集中到发抖的手上，感受内心的波动。不一会儿，我发现他的眼角流出了泪水。我问他怎么了。他说父亲打了他。我问他为什么被打，他说他偷了父亲的钱……说着说着，他整个人号啕大哭起来。懂点心理学的朋友已经知道，团长把他带到了小时候的创伤事件中。原来，他小时候偷过父亲的钱，被打了一顿，并被赶到了门外。他是北方人，当时正下着大雪，他冷得直哆嗦。虽然事情已经过去很久了，但脑海中里还留着那段记忆。所以，谈到钱的时候，他的手会抖。我问他对钱产生了怎样的想法，他说，他差点被钱害死了。

故事讲到这里，我相信大家已经知道他为什么赚不到钱了。一个内心认为钱会害死自己的人怎么可能会有钱呢？有谁愿意拥有会把自己"害惨了"的东西呢？所以他后来一直赚不到钱，能赚钱的机会都从他身边溜走了。

所以，赚不到钱，很多时候并不是你的能力问题，很可能是你内心深处不想赚钱、害怕赚钱。

你也许会说："可是我真的很想赚钱啊！"那是你的意识想，但你的潜意识并不想。如果你的潜意识不想赚钱，那该怎么办？如何才能变得富有？

荣格说，你的潜意识操控着你的人生，而你却称之为命运。如果要改变，就要从改变潜意识开始。

什么叫作改变潜意识？就是通过回溯的方式，回到创伤性事件，释放当时的情绪，从另一个角度重新看待那件事。我们无法改变过去发生的事，但可以改变对过去发生的事情的看法。让我们回到前面的案例。

我问案主："真的是钱差点把你害死了吗？"

他说："是的，当时父亲不准我回家，要不是邻居来劝，我就被冻死在门外了。"

我问："如果当年你有钱，你还会偷父亲的钱吗？"

他说："不会。"

我接着问："如果你父亲很有钱，你偷那点钱，他还会把你往死里打吗？"

他说："不会。"

我再问："究竟是钱差点把你害死了，还是缺钱差点把你害死了？"

他恍然大悟地说："啊哈，对啊，是缺钱差点把我害死了，原来我误会钱了。"

从他那破涕为笑的"啊哈"中，我知道他的潜意识已经发生了改变。果然，他后来学团长的另外一个课程时，告诉我，自从做了那个个案之后，他的收入翻了五倍。

是什么让他的收入翻了五倍？难道是能力增长了？当然不是，是想法变了！

所以，很多时候，你赚不到钱，是因为你的潜意识不想赚钱。

◎ 钱是省出来的吗？

近年来，有一个经济现象值得关注：尽管经济发展处于下行周期，不少行业面临挑战，但我国居民储蓄规模却呈现出持续攀升的态势。市场环境充满不确定性的同时，人们的银行存款却不断增长，这种反差背后，折射出大众对财富管理的深层心理变化。

为什么会这样呢？我们可以从貔貅身上找到一些答案。不少人家里、办公室中都有貔貅摆件的身影，因为在大多数人的认知中，貔貅是招财的吉祥物。貔貅是一个传说中的神兽，它有嘴无肛，能吞万物而不泄，只进不出，所以人们把它视为吉祥物。

可是，像貔貅那样"只进不出"真的能帮我们致富吗？

现实往往相反，你会发现这样一种现象：一个人越是不敢花钱，越是贫穷；而那些敢于花钱投资的人，钱越花越多。

道理很简单，如果人吝啬到连买本书提升自己都舍不得，也不舍得请朋友吃顿饭来维系社交关系，更别提花钱去参加技能培训课程了，会变得有钱吗？答案显而易见，一个不看书学习、不懂得社交，也不愿意提升技能的人，能力只会越来越弱，越来越跟不上时代的发展。这样的人怎么可能会赚到钱呢？

也许你会问：貔貅不是招财的吉祥物吗？为什么不可以向貔貅学习呢？

我查了查与貔貅相关的资料才知道，原来传说中，貔貅触犯了天条，玉皇大帝才罚它只能以四面八方之财为食，让它有口无肛，只进不出，终身受苦。如果让一个人只吃不拉，该是多么痛苦的体验啊！我真不明白，为什么要向触犯天条的貔貅学习呢？难道向它学习受苦？

那到底该不该省钱呢？要看你是否有钱了，如果你的钱够花，干吗要省？该花就花。但如果你入不敷出，当然要省了，要不你的钱哪够花？

但是，有一种钱绝对不能省，就是投资在自己身上的钱。花在自己身上的钱就像农民种地的种子一样，农民如果连种子都省了，秋天上哪儿去收获？同样，如果你都不往自己身上投资，不学习、不进步，请问你明天用什么挣钱？

所以，人穷的时候，更不能省，因为，钱不是省出来的，是靠能力赚来的！投资自己的钱不能省，交朋友的钱不能省，孝顺父母的钱不能省，维持身心健康的钱不能省……如果这些钱你省了，你的能力会变弱，人脉圈会变窄，福报会变少，健康状况也会越来越差……结果就是，越省越穷。

◎ 勤劳可以致富吗?

勤劳能够致富吗? 我们先来看一个国外的童话故事。

夏天，太阳火辣辣的，一群蚂蚁正在搬运粮食，它们个个忙得满头大汗。蝈蝈躲在树荫里，悠闲地唱着歌。

蝈蝈对蚂蚁说："这么热的天，你们不休息，为什么忙着搬运粮食?"

蚂蚁回答："我们现在辛苦一点，冬天就可以不挨饿了。"

蝈蝈听了哈哈大笑起来："冬天离现在还早着呢! 你们太傻了。"

蚂蚁们不理睬蝈蝈，背着粮食急急忙忙地上路了。夏天很快就过去了，秋天也快过去了! 蝈蝈还没有准备冬天的粮食，它总是说："冬天还早着呢!"。

冬天到了，下了一场大雪，蝈蝈再也找不到可吃的东西了。几天下来，蝈蝈又饥又寒，只好来到蚂蚁家，向蚂蚁借粮食。

　　蚂蚁看了一眼蝈蝈，说：“夏天的时候你干吗去了？你就知道唱歌，你现在继续跳舞吧！”

　　这是《伊索寓言》中的故事，在中国也深入人心。在中国文化中，我们相信"一勤天下无难事"，视勤劳为万能的药方。受此观念影响，在困难面前，人们往往更加努力——如今，"996"已算不上勤劳了，中小企业的创业者基本全年无休。

　　可是，据市场监管总局统计，近年来我国企业注销数量持续居于高位。即便老板们拼尽全力、勤恳经营，依然挽救不了企业倒闭的命运！

　　为什么会这样？难道是寓言故事骗了我们？寓言故事是否欺骗了我们，我不敢妄加评论，但我敢肯定的是，写这则寓言故事的作者恐怕欠缺一些生物学方面的知识。

　　从生物学角度来看，蝈蝈的生存方式与寓言中所描述的有所不同。蝈蝈是没有冬天的概念的，野生蝈蝈根本不用操心过冬问题，它们会在冬天来临前产下卵，待春天温度稳定、适宜时，卵便会孵化生长。也就是说，它们是通过代际传承来度过冬天的，何必储存粮食呢？

　　同时，蝈蝈比蚂蚁多了一双翅膀。蚂蚁只能在地面上勤奋地搬来搬去以囤积食物，而蝈蝈只要张开翅膀，所到之处都可为它们提供食物，如同它们的粮仓一般。

　　蚂蚁必须勤劳，是因为能力有限。蝈蝈之所以能在夏天享受生活，是因为拥有翅膀和不一样的过冬方式！

如果你是蝈蝈，为什么要像蚂蚁那般勤劳呢？

如果你是蚂蚁，你不勤劳还能怎么样呢？难道等别人救济？

所以，勤劳能致富吗？

从一定程度上来说，勤劳是能致富的，但只能致小富。如果你想致大富，就不能像蚂蚁那样靠手脚的勤劳，还要像蝈蝈一样拥有自由飞翔的翅膀，那样你才会拥有广阔的空间。

我们生而为人，虽然没有蝈蝈那样真实可见的翅膀，但我们拥有强大的大脑，可以凭着我们的想象力自由飞翔，凭着敢想敢干的闯劲努力打拼。那些拥有财富的人，他们的财富并不是单纯靠勤劳积累下来的，而是靠与众不同的思维创造出来的。

因此，光有勤劳是不够的，还要打开你思想中那双想象力的翅膀。我们不仅要脚踏实地，还要仰望星空！

◉ 你赚不到你认知以外的钱

富裕和贫穷的成因有很多，其中之一是你喜欢贫穷。你一定会很疑惑，怀疑自己的眼睛，我没看错吧，怎么还会有人喜欢贫穷？团长给大家分享一个真实的故事。

在团长的课堂上，有一个常规的安排：每次课间休息时，都让学员上台跳舞，活跃气氛。

记得有一次，有一个小组选择了一首音质极差的MP3音乐，大概只有几十kb大。这种音质的音乐，简直就是噪声。现在网上有各种各样的音乐类App，高品质的音源比比皆是，随便一搜都能找到。在网易云音乐中，甚至还有"超清母带"这种发烧级别的优质音源。有这么丰富的免费音乐资源，他们却选了一首音质极差的音乐，就像在一大堆百元面值的钞票中选择了一张一毛钱的纸币一样，不可思议。

这是一个很好的学习案例，于是我跟负责选音乐的同学进行了对话，我问她："为什么选择这样品质的音乐？"

她说没有其他选择，她手机上只有这一首。我说："现在网上有那么多资源，手机上没有，不会到网上找吗？"她说她就喜欢这首音乐，这首音乐她听惯了。

看到了吗？这位同学为什么选择音质极差的音乐？第一个理由是，她手机上只有这一首。既然手机上没有，那为什么不上网找？她给出了第二个理由：她就喜欢这首，因为听惯了！

这像不像某些穷人？你问他为什么贫穷，他一定会说他身边没有赚钱的机会。你再问他为什么不出去找找赚钱的机会，他会说他喜欢现在这样的生活，因为习惯了。

这些话熟悉吧？无语吧？

所以，你没看错！大多数人都喜欢他们现在的生活，习惯他们现在的生活！这大概就是在同一个环境里有人富足、有人贫穷的原因吧。

为什么有人会喜欢贫穷的生活呢？

这跟那位同学为什么会喜欢一首音质极差的音乐一样，一来她不知道还有更好的，到哪里找更好的；二来她习惯并喜欢她挑选的那首。

人是习惯的动物，每天都生活在自己的认知范围之内，所以，你赚不到你认知以外的钱。要改变贫穷，必须改变你对财富的认知。

"老天的事"我们无法左右，只能坦然面对；而"别人的事"，是别人的人生，我们没有资格干涉，只能尊重和接纳；唯有"自己的事"，是我们所能掌控的。专心做好自己的事，你会发现很多烦恼都会减半。

　　关注当下，做好手上每一件事，分清楚这三件事的界限，专注把自己的人生过好了，烦恼便减少了，你的世界自然也会跟着好起来。

PART
3

看见众生，
与世界和解

第十一章

生命的思考

谁在操控你的选择

◎ 世间真有两全法，不负如来不负卿

有人用十六个字总结电影《大话西游》："不戴金箍，如何救你？戴上金箍，如何爱你？"用仓央嘉措的诗来表达就是："世间安得两全法，不负如来不负卿？"

人生经常会碰到两难的问题，比如早些年流行的段子：我用手搬砖就没法拥抱你，如果拥抱你就没法搬砖。这是爱情与面包的矛盾。

还有人拼命工作想给家人更好的生活，却被家人抱怨：从来没把时间用来陪伴孩子成长，孩子都不认识你了！这是要钱还是要孩子的矛盾。

既希望给孩子美好的童年，又担心孩子成绩不好以后竞争不过别人，于是只好继续逼孩子学习。这是要成绩还是要快乐的矛盾。

如何才能破解这些生活中的难题？只要在三维的世界里增加一个维度——"时间"就可以了。

英国人类学家贝特森认为，逻辑存在一定的缺陷，它所呈现的因果关系并不完善，原因在于逻辑中未纳入时间观念。在他看来，只有将逻辑与时间相结合，才能真正构成完整的因果关系。也就是说，那些看似矛盾的逻辑，一旦融入时间因素，就能够转化为合理且不矛盾的因果。

听起来很抽象对吧？让我们从一个困扰世人已久的难题说起：既然上帝是万能的，那上帝能否创造一块他自己都举不起来的石头？这在逻辑上是矛盾的，如果上帝能创造出这样的石头，那就意味着他存在无法做到的事情（举起这块石头），这与"上帝万能"相矛盾；若上帝无法创造出这样的石头，同样也说明他并非万能。前面我们所说的生活难题跟这个问题是一样的，这样的问题别说是人了，就连上帝也会束手无策。

但是，引入时间这一维度后就不一样了。上帝可以先创造一块石头，在创造出来的那一刻，这块石头重到他无法举起。但由于上帝是万能的，他可以等待一秒钟，在这短暂的时间间隔里，上帝的力量得以增强，下一秒他便能够轻松地举起这块石头。你看，引入时间这个维度后，既体现了上帝拥有创造任何事物的能力，又维护了上帝万能的声望。这就是贝特森所强调的，从更高维度去理解和解决问题。

我们把时间这一维度引入前面的难题试试看。

努力工作，就无法拥抱爱情吗？恰好相反，我今天努力搬砖，正是为了明天能更好地拥抱你。

要钱还是要孩子？为什么要二选一呢？两个都要就不行吗？

只有今天努力赚钱，才能为明天跟孩子好好生活创造机会。

玩得快乐就无法拥有好的成绩吗？孩子这一刻玩得开心，下一刻才能学得更快，错开时间，玩乐、学习两不误。

你看，加上时间维度，原来矛盾的困难，便成了顺理成章的因果。

世间安得两全法，不负如来不负卿？只要引入时间这一维度，"两全法"就在眼前：此生不负卿，了却与卿的情缘，正是下一世不负如来的前提条件。没有时间概念时，既负如来又负卿；增加一个维度，才能真正做到不负如来不负卿。

你看，多一个时间维度有多重要！多给自己一些时间，我们就能跳出原来的困局，获得新的选择和自由！

◎ 人生低谷时，向树学习

人生不可能一帆风顺，在遭遇人生低谷时，我们该如何面对呢？可以向树学习。

团长曾经去过神秘的亚马孙丛林，在那里看到了一种"会走路的树"。这种树的根部是露出来的，它不像普通的树，根扎在土壤里面。当旁边有大树把阳光挡住时，它就会在另外一面长出新根，而照不到阳光这面的根则慢慢腐烂。新根不断往旁边延伸、扎根，带动整棵树缓缓移动。凭借这种独特的移动方式，它可以不断获得新的阳光，延续自己的生命。

一般来说，树一旦扎根生长，就没法移动了，但这种树却会通过移动来寻找阳光。也就是说，不光是动物，就连植物都进化出为了生存挪动脚步的神奇能力。

那么，在人生低谷时，该如何挪动自己的脚步呢？团长会做下面这三件事。

第一，锻炼身体。身体是人生的根本，没有健康的身体，一切所谓成就都将成为空中楼阁。所以，在遭遇人生低谷时，首要任务就是锻炼身体，保持体力。

第二，读书和学习。有白天就会有黑夜，有冬天就会有春天，就算你今天跌到了谷底，也一定会有等来新的转机的那天。如果你没有准备好，没有具备足够的能力，就算机会来到你面前，你也会错失良机。所以，人生低谷时，是最好的学习、成长机会。在这个时候种下种子，方能静待春暖花开。

第三，找比自己厉害的人聊天。遭遇人生低谷时，难免会情绪低落，思想偏执，这时最好能多跟高人接触，并不是指望他们能拉你一把，而是跟他们沟通，可以提高你的思想维度，帮助你走出思想困境。

树被挡住阳光时都会挪动自己的脚步，何况人？我们的祖先早已进化出让我们能够灵活移动的能力，可惜的是，还有不少人面对困难、面对低谷时，根本不愿意移动自己的脚步，坐以待毙，白白浪费了人类这么多年进化的成果。

当然，不行动也是行动的一种。只要你清楚地知道这是你自己的选择，不再抱怨自己的世界太小，阳光雨露不够，心甘情愿活得连植物都不如，那也是一种境界。

◎ 人生走上坡路的三个迹象

怎么知道一个人的人生是否在走上坡路呢？有三个方法。

第一，看他是"向内看"还是"向外求"

一个向外求的人，会有许多的抱怨。抱怨就业环境差，抱怨伴侣不好，抱怨孩子不听话。越抱怨，越发现生活不快乐。

"向内看"的人就不一样，他们知道，外在的东西无法控制，但内在的东西可以自己做主。

我们无法改变就业环境，那么就改变自己的心态；无法改变伴侣的习惯，那么就接纳对方与自己的差异；无法改变孩子的天性，那么就改变自己与孩子的沟通方式。

所有的外在，都是我们内心的投射，只要你内心深处愿意改变了，便会发现外在也会随之改变。

第二，看他是"指责"还是"负责"

指责，其实是推卸责任的表现。人们为什么喜欢推卸责任？

我们来看看这样一种现象。

孩子不小心踢到石头，大都会痛得哇哇大哭，这时有些家长会咒骂石头："你这块臭石头，害得我宝宝受伤，我打你！"神奇的是，孩子往往便会止住哭泣。

一个人独自承担责任时，会产生强烈的不适感；而一旦将责任归咎于外部事物，瞬间就会感到轻松。然而，这种"轻松"从长远来看要付出沉重的代价。长期依赖指责他人或外部事物来逃避责任，最终会让我们在人生中逐渐丧失主动权。

所以，要想人生走上坡路，我们要学会把"指责"变"负责"，什么是负责呢？

回到前面的例子，孩子在路上踢到石头受了伤，是石头的错吗？当然不是！石头是死的，人是活的。把责任推给石头，是指责；从伤痛中学习，就是负责。

石头还是那块石头，如果你抬起脚踩在它上面，它就变成了垫脚石。一块石头究竟是绊脚石还是垫脚石，取决于脚，不取决于石头。

指责会让人堕落，负责才能使人站得更高。

第三，看他的焦点在"因"还是在"果"

有句话是这样说的："因上努力，果上随缘。"意思是说，人生的各种结果都不是偶然的，皆是由先前的种种"因"所导致。因此，我们应重视在"因"的层面付出努力。可惜的是，大多数人只关注结果，忽略了"因上努力"。

　　什么叫作"因上努力"呢?

　　以农民种树为例，春天播种、施肥、除虫等，这些前期所付出的心血与行动，就是"因上努力"。如果没做这些工作，只想在秋天收获果实，那是不可能的。如果你只追求结果，你可能会一无所获；只有做到"因上努力"，你才有可能收获硕果。

◎ 生存还是生活？这是个问题

我们经常会听到一些人说："等我钱赚多一点，我就好好享受生活；等我的事业做大一点，我就陪陪家人；等我的企业上市了，我就出去四处旅游……"

事实是，不管你赚了多少钱，不管你做多大的事业，不管你的企业能否上市，你依然跟过去一样，一直在为生活奔波。团长把这种生活状态称为"生存"。

那什么才是"生活"呢？作家木心写过一首著名的诗叫作《从前慢》，里面有几句是这样的：

从前的日色变得慢

车，马，邮件都慢

一生只够爱一个人

古代人的生活很慢，半天读书半天闲，就算是贫穷的农民，也能安享农闲时光。跟现代人相比，他们过的才是生活。生活，就是活在当下，就像旅行一样，重要的并不是急着到达目的地，而是沿途的风景以及身边的人。

科技的进步总会带来生产效率的提升，比如，机器的出现使人们从繁重的体力劳动中解脱出来，汽车飞机的出现让人们节省了大量的旅途时间，AI的应用也让大量重复性工作得以高效完成……按道理说，效率提升了，人类应该更加休闲才对，可是，为什么现代人比古代人更忙了呢？"一生爱一个人"的时间都不够。

这要从我们的祖先说起。以前的人生活在原始森林里，人类每天都要面对那些更强大的动物，比如狮子、老虎，要时刻防范它们的袭击，只有随时保持警惕，才能生存下来。生活在这样的环境中，人们充满了恐惧、担心和焦虑。

尽管如今人们早已远离了原始森林，住进了安全的房子，不再需要直面狮子、老虎等凶猛动物的威胁，但狮子、老虎仍然活在人们的大脑里。祖先为了让我们获得更大的生存机会，早已把防范危险的本能写进了我们的基因。因此，就算生活在安全的环境中，人们依然感到危险，感到焦虑，这种心理叫作缺乏安全感。注意，不是缺乏"安全"，而是缺乏"安全感"，这是一种主观的感觉。

安全感是人类渴望稳定、安全的心理需求，表现为对可能出现危险的预感，以及应对不确定危险时的有力或无力感，主要体现在确定感和可控感上。

一个没有安全感的人，就算身家过亿，也依然无法填补他那匮乏的内心，他只能身不由己地再往前冲，活在"求生存"的状态中。

那如何才能好好生活呢？

人类生存的环境已经发生了巨大的变化，但基因的进化并没有跟上这个变化。因此，我们需要敏锐察觉到这一点，清楚认识到人性存在的"漏洞"，如此才能不被过去的行为模式所困，成功挣脱束缚。这就如同在房间里，你只有注意到沙发上那把锋利的水果刀，才能不为它所伤，因为你能选择把它放到安全的地方。

"生存"状态下，人若总是聚焦于过去，往往会执着于过去失去的东西，心中弥漫着"后悔"的情绪；而当过度关注未来时，又总为未来而担心，被"焦虑"情绪所笼罩。"生存"，是大脑在进化过程中植入我们身体的一种程序，目的是确保人类获得更多的生存机会。

而"生活"状态，是指活在当下，用心体验正在发生的事。

未雨绸缪，聚焦未来，是"生存"的本能；而立足当下，过好今天，才是"生活"的智慧。

如果你能洞察人性，你会选择"生存"还是"生活"？这最终还是由你说了算。

◎ 自己的事、别人的事、老天的事

当我们在意别人的看法时，就等于把情绪的控制权交给了别人。因为在这种情况下，你是否开心，由别人决定。这么一来，你的人生就被动了。

如何才能拿回情绪的控制权呢？团长为大家分享一个阿德勒的理论，叫作"课题分离"。

阿德勒认为，世上只有三件事：自己的事、别人的事和老天的事。而一个人之所以会烦恼和痛苦，往往是因为本末倒置——自己的事不管，却管别人的事，还无端担心老天的事。

寻觅自己喜欢的工作，做自己喜欢的事情，过自己想过的生活，好好爱自己，让自己活得精彩、活得开心，这是自己的事。

总想改变别人，要求别人按自己的方式生活，强行跨越他人的边界，对别人的人生品头论足……这种行为的结果往往是，当别人听从你时，你就多了一份责任；而当别人不认同你时，你又感觉受到了伤害。这就是操心别人的事带来的烦恼。

至于老天的事，就是刮风下雨、地震海啸等自然现象，这些大多是不可抗力因素，超出了人类能力的控制范围。然而有人却整天担心天会塌、地会陷，担心来担心去，于是觉也睡不好、饭也吃不香。

"老天的事"我们无法左右，只能坦然面对；而"别人的事"，是别人的人生，我们没有资格干涉，只能尊重和接纳；唯有"自己的事"，是我们所能掌控的。专心做好自己的事，你会发现很多烦恼都会减半。

工作的时候，认真投入，高效地完成；学习的时候，踏踏实实钻研，累了就好好休息，不要透支身体。

关注当下，做好手上每一件事，分清楚这三件事的界限，专注把自己的人生过好了，烦恼便减少了，你的世界自然也会跟着好起来。

◎ 世上本没有抑郁症，不开心是人生常态

"什么狗屁抑郁症，只是我现在不开心而已啊！"

抑郁是一种情绪，在西方人定义"抑郁症"这个概念前，我们是不知道抑郁症这回事的，更多只是感觉自己不开心、情绪低落而已。这就像天空中的乌云一样，有乌云笼罩的天空并不是"乌云天空"，因为乌云不会永远盘踞，它总会随风飘走。所以乌云飘走后，天空又会重现蓝天白云，我们的心境也是一样的。

因此，没有"乌云天空"，也没有抑郁的人。

不开心是人生的常态，没有一个人可以永远开心，情绪乌云总会时不时出现。我们不能要求每一个人内心都没有不良情绪，毕竟不可能每个人都是完美无缺的圣人。就算是张良那样伟大的人物，也难以避免会产生愤怒的情绪。据史书记载，有一次张良途经一座桥头，看到一位老人在钓鱼。老人故意把鞋子扔到桥下，让张良帮他捡回来。彼时，张良心里的想法是"欲殴之"，

也就是想揍老人一顿。但最终他还是忍住了，为老人捡回了鞋子。这说明即使是像张良这样的人，面对不合理的情况时，也会心生愤怒，这是正常的反应。

很多人说："我没有情绪，我要接纳一切。"这是不可能的，这不是人该有的状态。当一个人遇到不开心的事情，比如考试失败、被老师骂，或者失恋时，感到难过、沮丧都是很正常的。我们不要把正常的情绪视为病态，那只是不开心的表现而已，我们等待情绪乌云飘走就好了。

当孩子抑郁时，我们往往会紧张焦虑，把焦点锁定在这团情绪乌云上，试图赶跑它。然而，这种过度的关注和干预，实际上是在不断强化这团"乌云"。结果原本孩子只是一时心情不好，可父母还责备道："你害得全家都没有好生活，你能不能快点好起来？"这样的指责不仅无法缓解孩子的情绪，反而会让孩子更加觉得自己存在问题，甚至认为全家的不开心都是自己的过错。这样一来，情绪乌云越积越多，问题也越来越严重。

相反，如果这时父母能够给予孩子肯定和关爱，作为坚强的后盾接纳孩子的状态，温柔地对孩子说："你上学累了就先休息一下吧，人总会有这样的阶段。"这样做的话，孩子就会逐渐恢复过来。

就像我自己，我对读书有着深厚的热爱，读书改变了我的命运。我出身农村，如果不读书，就无法来到城市，所以我非常爱看书，每年都会看五十本书。对我来说，看书是一种享受。

然而，我做了一个产品叫"读经典学心理"，要讲五十本书，工作量非常大，有些书需要反复阅读才能讲清楚。在此期间，我读了很多书，如今竟有点厌倦读书了，甚至对书产生了抵触情绪。任何事情过了度都会有反作用，所以现在看到书我都不开心了。如果我的爱人或父母对我说："你怎么能不看书呢？看书那么好，你应该继续看书。"这样的话反而会让我感觉自己患上了"看书病"，因为这种强调会进一步强化我对读书的负面感受。

但如果他们允许我暂时不看书，给我一段时间放松，比如对我说："你已经看了两年书，承担了这么大的任务，要不允许自己一段时间什么都不看，好好休息一下？"那么过不了多久，我可能会重新爱上读书。就像天空中的乌云一样，它总会飘走的，你为什么要执着于它呢？当你执着于乌云时，乌云就仿佛停滞不前了。

没有什么好担心的，不开心只是人生的一部分，是我们生活中不可避免的情绪波动。我们要学会接纳这些情绪，而不是过度焦虑和自责。当我们能够坦然面对这些情绪时，它们自然会随着时间的推移而渐渐消散。

◎ 如何才能活得更长寿？

为什么有的人老得快，有的人老得慢呢？有两个原因：一是基因，这个我们不做讨论；二是心理，这一点值得跟大家分享。

1979年，哈佛大学的心理学家艾伦·兰格做了一个有趣的实验。他找了18位老人，将他们分成两组，并打造了一个"时空胶囊"——实验场所完全按照20年前的风格布置，屋内陈列1959年的电视、报纸，提供那个年代的特色食物，甚至要求参与者身着复古服饰，仿佛回到了20年前的生活环境。

两组实验设定的唯一区别是：一组老人全身心投入，假定当下就是1959年，所有事情都按当年的方式做；另一组老人则仅需回忆并谈论1959年的生活，生活方式仍然是现代的。

神奇的事情发生了：在这段时间里，这两组老人的身体都得到了显著改善。许多老人刚进入实验时需要坐轮椅或被人搀扶才能行动，但一段时间后，他们便能自己装饭、洗碗，甚至走路了。医学检测显示，老人们的关节灵活性显著增强，握力测试数据也明显优于实验前。更令人惊讶的是，他们的平均体重增加了3公斤。尤其是完全沉浸在"1959年"情境中的那组老人，身体状况的改善更为显著。

这个实验揭示了一个重要道理：如果我们认为自己老了，我们就会老得更快；如果我们不认为自己老，我们就会显得年轻一些。就像人们常说的"永远18岁"，除了是心理暗示，还提醒我们真正去做一些力所能及的事情，切实感知身体的健康与力量。

曾有一位学员向我咨询关于她母亲的问题。她的母亲年纪大了，身体逐渐变得虚弱，行动不便。她尝试了很多方法，包括带母亲看医生、为母亲补充营养等，但效果都不明显。我跟她讲了兰格的实验，她决定尝试用新的方式帮助母亲——让母亲重新体验年轻时的生活。她带着母亲回到以前生活过的地方，拜访那些年轻时的朋友，并鼓励母亲经常跟这些朋友交流。

经过一段时间的努力，这位学员的母亲不仅身体状况有所改善，精神状态也变得更好了。她变得更加开朗，笑容更多，生活质量也显著提高了。这说明，通过改变心态和生活方式，确实可以延缓衰老的过程。

兰格的这项实验告诉我们，心理状态对身体健康有着深远的影响。不要轻易认为自己老了，而是要保持积极的心态，参与各种活动，让自己感受生活的美好和充实。这样，你不仅会看起来更年轻，也会活得更有活力。

◎ 死亡教育

有部口碑不错电影叫《人生大事》，讲的是殡葬行业的故事，也由此引出一个重要议题——死亡教育。

人生有三大难以直面的关卡：恐惧、性和死亡。相比之下，穿越恐惧和性稍微容易一些，那如何才能面对死亡呢？

就像酒足饭饱人才会坦然离开筵席一样，一个经历过丰富人生的人才有勇气面对死亡。

把人生当成一场盛宴，尽可能地品尝生活中的酸甜苦辣，就像那位曾引发热议、毅然辞职的教师写下的"世界那么大，我想去看看"，世间有那么多的美好，为什么不多看看、多感受呢？

死亡是一种结束，死亡是一种离开。活得精彩才能坦然面对结束，才能坦然离开。就像一场旅游，玩够了自然得回家。

电影《遗愿清单》讲述了卡特和爱德华两位身患绝症的老人在医院相遇的故事。相同的绝症命运让他们走到一起，他们列出了一张遗愿清单，决定在余下的时光里，完成那些未曾实现的梦想。从高空跳伞的刺激体验，到埃及金字塔前的感慨万千，再到印度泰姬陵的浪漫之行，他们在旅途中笑过、闹过，也对生命有了更深层次的感悟。电影的最后，卡特还是离开了人世，但无论如何，他生命的最后篇章是美好的。

这部电影给出了直面死亡的答案——只有将生命过得精彩，才能坦然拥抱人生终点。可惜的是，人们常常在忙碌的生活中迷失自己，忘了生命中真正重要的东西。生命无常，你不知道明天和意外哪个会先来。难道要像电影中的卡特和爱德华那样，在生命的尽头才开始真正地生活？

所以，趁我们还活着，像品鉴美酒般细品每一道佳肴，以开放的姿态体验不同人生，去世界上最美的地方看看，去认识那些有趣的人……

团长已经去过辽阔的非洲大草原，探索过神秘的亚马孙丛林，经历过南极德雷克海峡的巨浪，即将去北极探寻北极熊的踪迹……如果我有能力，我一定会坐上马斯克的飞船去太空看看，尽可能在活着的时候，让我的生命变得更加富足。

每个人都会面临生老病死的问题，与其恐惧死亡，不如在有生之年让生命变得精彩。

◎ 为什么听了很多道理，却过不好这一生？

　　韩寒在电影《后会无期》里写了一句经典台词："懂了那么多道理，却依然活不好这一生。"这句话之所以流行，是因为它让大多数人产生了共鸣。也就是说，很多事情我们知道怎么做，应该去做，但就是做不到。为什么会这样呢？

　　王阳明认为要"知行合一"，但如果知行真的可以合一，为什么我们知道了那么多，却做不到呢？

　　要回答这个问题，我们要从王阳明的"心外无理"讲起。"心外无理"的意思是说，如果我们从外面听来一个"理"，这个"理"就跟我们没什么关系。比如，我告诉你"运动有利于健康"，你会去运动吗？当然不会，因此，这个"理"对你而言，就不是真知。

　　只有从你心中生发出来的"理"，才是你的"理"，才是真知。一旦有了这样的"理"，你一定会行动，这才是王阳明"知行合一"的真谛。

团长给大家讲个现代案例说明这一点。

圣地亚哥凯撒健康促进组织的医生费里提曾主导过一个颇具戏剧性的减肥案例。一位女士起初因认同"肥胖不好"的观念，在项目帮助下成功从208磅[1]减重至132磅。但几个月后，她的体重迅速增加，比原来更重。12年后，这位女士再次通过手术减肥成功，却出现了自杀倾向，为此先后五次住进精神病院。为什么会这样呢？深入探究背后缘由才发现，她童年时被爷爷性侵过，长期处于乱伦阴影之下，这种创伤使她在潜意识中对亲密关系产生了强烈抵触。经过减肥手术后，她身材变好了，开始有不少男士追求她，原本她还可以通过暴饮暴食让自己变得肥胖来躲避，但手术后，再度像以前那样肥胖就不可能了，这就是她得精神病的原因。

这个案例生动诠释了什么是"知行合一"：一开始"肥胖不好"的认知，不过是外界灌输的观念，属于"心外之理"，这种缺乏内在认同的"知"，自然难以与行动达成统一；而那藏在潜意识深处的"肥胖能隔绝异性伤害"的认知，才是"心内之理"，正是这一"真知"和行动达成了统一。

"知"与"行"之所以常常分离，根源在于我们所秉持的"理"往往都是外界灌输的观念，而非经由内心深刻体悟与认同的"知"。这样的"知"，只是"假知"。而真正决定我们行动

---

1 英美制重量单位，1磅合0.4536千克。——编者

的，是从心底自然生发、自己有着深刻体悟的"真知"。

王阳明说："真知即所以为行，不行不足谓之知。"也就是说，知识只有转化为实际行动时，才称得上"真知"，否则便仅仅是外界灌输的"假知"。

若要求知，必须行动。因此，懂得再多，也不会让人生变得更好，只有行动，才能真正改写人生。

本书写到这里就结束了，如果你只是读完这本书，你什么也得不到。如果你想真的有所收获，请认真回答下面三个问题：

你从本书中学到了什么？

你的觉察是什么？

你会如何行动？

读书没有用，除非你有用！